国网福建省电力有限公司
管理创新工作指引

国网福建省电力有限公司 组编

中国电力出版社
CHINA ELECTRIC POWER PRESS

内 容 提 要

本书采用行动导向式案例教学法，旨在为企业管理创新提供详尽的工作指导。全书共七章，包括管理创新概述与发展、电网企业管理创新的主要领域、管理创新工作体系建设、管理创新项目管理、管理创新成果主报告撰写及申报实务、管理创新成果主报告案例，以及管理创新的未来展望。全书基本涵盖了管理创新全生命周期的主要内容和知识点，从"基础认知、建设实践、成果总结申报与持续创新"的管理创新工作科学循环的需求出发，探讨了如何在战略、业务和班组层面实施管理创新，并通过案例教学法结合实际案例，提供了丰富的实践指导。

本书可作为供电公司企业管理类专业教材，也可作为管理创新项目创造人员项目过程学习参考使用。

图书在版编目（CIP）数据

国网福建省电力有限公司管理创新工作指引/国网福建省电力有限公司组编. --北京：中国电力出版社，2024.12. --ISBN 978-7-5198-9524-2

Ⅰ.F426.61

中国国家版本馆 CIP 数据核字第 20243SL791 号

出版发行：中国电力出版社
地　　址：北京市东城区北京站西街 19 号（邮政编码 100005）
网　　址：http://www.cepp.sgcc.com.cn
责任编辑：崔素媛（010-63412392）
责任校对：黄　蓓　马　宁
装帧设计：张俊霞
责任印制：杨晓东

印　　刷：北京天宇星印刷厂
版　　次：2024 年 12 月第一版
印　　次：2024 年 12 月北京第一次印刷
开　　本：710 毫米×1000 毫米　16 开本
印　　张：8.75
字　　数：125
定　　价：55.00 元

版权专有　侵权必究

本书如有印装质量问题，我社营销中心负责退换

编委会

主　任： 叶继宏

副主任： 郭忠瑞　阎晓天

成　员： 赖茂杰　蔡丽华　吕士颖　张　颖　占极森

　　　　　詹呈艳　孙亚辉　杨　芳　陈文君　兰翠芸

　　　　　杨丹丹　吴锦烨　林扬宇　刘西亮　张　勇

　　　　　陈　果　王叶苹　唐　涛　林志良　程华新

　　　　　张笑今　郭祥程　章菲艳　林昶咏　胡　婕

　　　　　朱晶婷　林　飔

前 言

经济形势发展、技术革新以及市场需求的快速变化,为企业带来了前所未有的挑战与机遇。在这样的大背景下,管理创新的重要性日益凸显,成为推动企业持续发展的核心驱动力。管理创新涵盖了企业管理理念、管理模式、组织结构、业务流程等多个方面,帮助企业优化资源配置,提升运营效率,增强市场适应性,从而提升核心竞争力,实现长期稳定发展。

本书旨在为企业管理创新提供一份详尽的工作指引。全书共七章,分别是概述与发展、主要领域、工作体系建设、项目管理、成果主报告撰写及申报实务、未来展望等。首先从管理创新的起源、类型、特征等方面概述管理创新,并分析了中企联、中电联以及国家电网公司系统各层级单位管理创新的工作要求。其次,从电网企业工作实际出发,介绍战略层面、业务层面和基层班组层面的管理创新实践,并探讨如何建立和完善管理创新工作体系,有效推动实施管理创新项目。之后就如何高质量撰写管理创新成果主报告,从结构到具体写法提出指引,并提供示范成果参考。最后,对管理创新工作的发展进行了展望,讨论了如何进一步推动企业管理创新,以适应新形势下的挑战与机遇。

希望本书可以为企业各级管理人员对管理创新有更深入的理解,促进管理创新的有效实施提供帮助。同时，也希望本书能够为其他行业和同类型企业提供管理创新工作参考，共同深入推动管理创新实践，加快培育发展新质生产力，为加快建设世界一流企业增添新活力、注入新动能、创造新价值。

编 者

目 录

前言

第一章　管理创新概述与发展 1

一、管理创新的概述 1

二、管理创新的发展 6

第二章　电网企业管理创新的主要领域 10

一、战略层面的管理创新 10

二、业务层面的管理创新 15

三、班组层面的管理创新 20

第三章　管理创新工作体系建设 22

一、国网福建电力管理创新工作总体思路 22

二、国网福建电力管理创新工作实践路径 23

三、国网福建电力管理创新工作保障措施 31

第四章　管理创新项目管理 ………………………………… 35

一、项目储备管理 ……………………………………………… 35

二、项目计划管理 ……………………………………………… 36

三、项目实施管理 ……………………………………………… 37

四、成果总结提炼 ……………………………………………… 39

五、成果推广应用 ……………………………………………… 41

第五章　管理创新成果主报告撰写及申报实务 ………… 43

一、主报告撰写通用要求 ……………………………………… 43

二、主报告撰写实务 …………………………………………… 47

第六章　管理创新成果主报告案例 ……………………… 88

一、电网企业全面提升客户体验的数字化供电服务管理 …… 88

二、供电企业以数字赋能推动电碳协同的城市降碳管理 …… 105

第七章　管理创新的未来展望 …………………………… 122

一、适应新发展格局的发展 …………………………………… 122

二、适应发展新质生产力的需要 ……………………………… 123

三、适应能源转型的趋势 ……………………………………… 124

四、适应企业数字化转型的浪潮 ……………………………… 125

五、塑造企业管理品牌 ………………………………………… 127

后记 …………………………………………………………… 129

第一章　管理创新概述与发展

管理创新源于古典管理学理论与创新活动理论的结合，是现代企业发展的重要推动力，对企业应对市场变化、提升竞争力、实现持续发展起到重要作用。管理创新分为理念创新、模式创新、组织创新、流程创新和制度创新等类型，其具有创新性、科学性、先进性、实践性和效益性 5 个特征。在全国企业管理创新成果审定推广工作不断发展的背景下，电力行业的管理创新在中国电力企业联合会（简称中电联）的推动下，以中国电力创新奖为引领，推动电网公司将管理创新作为实现企业发展与管理提升的重要抓手。自 2002 年以来，管理创新经历了自主自发、统一部署、体系建立、持续发展以及全面深化五个阶段，逐步走向成熟。

一、管理创新的概述

（一）管理创新的起源

管理，是指对组织的有限资源进行有效整合，以达成既定目标与责任的动态创造性过程，管理活动具有动态性、创造性、科学性、经济性及艺术性等特性。创新，是指在人类物质文明、精神文明等一切领域，一切层面上淘汰落后的思想、事物，创造先进的、有价值的思想和事物的活动过程，创新活动包括技术创新、管理创新与商业模式创新等。

美籍奥地利人、哈佛大学教授约瑟夫·熊彼特（Joseph Schumpeter）把创新概念引入经济学领域，提出了创新理论。熊彼特在其 1912 年德文版的《经济发展理论》一书中，系统地定义了创新的概念。他认为，所谓创新，是生产手段的新组合，指把一种从来没有过的关于"生产要素的新组合"引入生产体系。创新的目的在于获取潜在利润。其归属经济范畴而非技术范畴，已经有了管理创新的思想萌芽。管理大师彼得·德鲁克继承并发展了熊彼特的"创新理论"，把创新引入管理学领域。他认为创新有两种，一种是"技术创新"，它在自然界中为某种自然物找到新的应用，并赋予新的经济价值；一种是"社会创新"，它在经济与社会中创造一种新的管理机构、管理方式或管理手段，从而在资源配置的改进中取得更大的经济价值与社会价值。

不同的管理大师，从不同的视角、以不同的方式对管理创新进行了研究。金伯利（J.Kimberly）在其 1981 年的代表作中，将管理创新定义为那些与现行管理实践存在显著差异的管理程序或管理技术，而这些管理程序与技术能够直接影响决策过程所需要的信息的性质、位置、质量与数量。这意味着，管理创新可能产生的一个重要后果就是决策质量的改善。从组织内部信息活动的角度出发，达曼波尔（F.Damanpour）在其 1984 年的代表作中将管理创新定义为组织内部规则、角色、流程与结构的调整，这些调整会影响组织内部各方面及其与外部环境的沟通。战略管理领域的大师，贡献了"战略意图""革命性思维"等重要概念的哈默尔（G.Hamel）在 2006 年撰文指出，管理创新是对传统管理原则、程序和实践的明显偏离。这些偏离显著地改变了经理人员的工作方式，并构成了组织完成工作的新法则。哈默尔在与伯金肖（J.Birkinshaw）等人的合作中将这一观点进一步发挥，从两个层面加以阐释：抽象地看，管理创新是某种"管理创意"，是那些能够告诉经理人员应该做什么的稳定的知识；从操作层面看，管理创新是为了实现更宏伟的组织目标，而创造并应用的一系列新的管理实践、管理流程、管理技巧以及组织结构。

基于以上经典理论可以将管理创新定义为：企业以创新战略为核心，根据内、外部环境的变化，把新的管理要素（如新的管理方法、新的管理手段、新的管理模式等）或要素组合引入组织管理系统，促进管理思想、战略管控、企业文化、制度建设等各创新要素进行协同创新，从而变革管理机制、管理方法和管理模式，以提高企业的效率效益，最终成功提升核心竞争力，实现组织目标的有效方法。

（二）管理创新的重要性

管理创新的重要性体现在多个方面。一是可以帮助企业提高决策的效率和质量。通过引入新的管理工具和技术，企业能够更快速地收集和分析信息，从而做出更加精准的业务决策。二是能增强企业的市场适应性和灵活性，使企业能够更有效地应对技术进步、政策调整、市场变化和消费者需求等。三是有助于提升企业的运营效率。通过优化流程和提高资源的使用效率，企业可以在降低成本的同时，增加输出和改善服务。总的来说，管理创新是现代企业发展的重要推动力，不仅直接关系到企业的运营效率和市场竞争力，更能够帮助企业建立起更为灵活和适应性强的管理体系，从而在不断变化的外部环境中保持领先。

（三）管理创新的作用

管理创新是企业提升竞争力、实现可持续发展和适应快速变化市场环境的关键。它通过优化流程、降低成本、增强市场适应性、促进内部文化创新、应对环境法规、整合可持续发展原则、快速响应市场变化、推动新产品开发，帮助企业在市场中保持活力和竞争力。通过这些创新实践，企业能够构建强大的竞争优势，持续获得成功。

管理创新在企业的长期战略规划中提供重要的支持。通过管理方法和工具的应用，企业能够更有效地制定和实施长远的发展计划。例如，通过引入战略管理工具如平衡计分卡，企业可以更全面地评估其业务表现，从财务、客户、内部流程和学习成长四个维度进行考量。这种方法不仅帮助企业审视当前的运营现状，也促使企业不断从战略的角度审视和调整其长期目标。通过流程优化，管理创新更直接影响企业的成本效率。

管理创新增强了企业的市场适应性和灵活性。在适应外部环境变化的过程中，通过引入灵活的管理模式和业务流程，企业能够更快地实施必要的改变，迅速调整其运营模式，以符合新变化和新要求。通过实施敏捷管理和持续改进的策略，企业能够更快地推出新产品和服务，快速响应市场需求变化。

管理创新促进了企业内部的文化创新，激发员工的创造力和参与感。在管理创新实践中，跨功能团队合作、开放式创意会议以及对创新成果的奖励机制，能够鼓励员工提出新的想法和解决方案。这种从内部孕育的创新能力是企业长期保持竞争力的关键，它不仅能够提升员工的工作满意度和忠诚度，还能通过推动企业文化创新的变革，增强组织内部的创新能力和适应力，直接转化为企业的竞争优势。

（四）管理创新的类型

管理创新按照类型可以分为理念创新、模式创新、组织创新、流程创新和制度创新等。

理念创新体现在管理过程中引入全新的管理思想、价值观或文化理念。这种创新往往涉及思维方式的转变和企业文化的更新，它不仅仅是对技术或工具的革新，更是对企业管理哲学的深刻反思和改造。理念创新旨在从根本上改变企业的管理观念，推动管理实践的进步。通过理念创新，企业可以在快速变化的市场中保持领先，建立起更强的文化凝聚力和品牌形象。

模式创新体现在创造或引入新的商业模式或管理模式，以提升企业的竞争优势。模式创新通常涉及企业的价值创造方式、盈利模式、客户关系管理等多个方面，帮助企业在激烈的市场竞争中寻找到新的增长点和差异化优势，同时推动企业业务的多元化和持续性发展，以适应市场需求的变化。

组织创新注重对企业的组织结构、部门设置和权责分配进行革新。其目标是通过优化组织架构，减少管理层级，缩短决策链条，增强跨部门协作能力，提升企业内部的沟通效率和执行力，提高企业的灵活性、响应速度和决策效率，从而更好地适应快速变化的市场环境和客户需求。

流程创新强调对企业内部工作流程和业务流程的重新设计与优化，提高工作效率、减少浪费、降低成本或提升服务质量，增强企业的竞争力。流程创新不仅涉及具体的操作层面，还涵盖了整个企业的系统性变革，通过对流程的优化，打破部门间的壁垒，推动业务流程的无缝对接和高效运转。

制度创新是指对企业的管理制度、政策和规章制度进行创新和调整，以适应新的管理需求和外部环境的变化。企业通过对制度进行优化，以应对员工工作方式、客户需求和技术变化的挑战。制度创新可以通过建立新的激励机制、考核制度或治理结构来提升员工积极性和企业治理水平。

（五）管理创新的特征

创新性。管理创新的核心在于提出独创性的管理理论、方法或借鉴先进管理理论、方法和经验等，以解决企业在管理中遇到的实际问题，并在管理领域填补空白，产生引领性影响。创新性可以从三个层次体现：一是能够达到或超过国际国内行业领先水平的创新，这类创新不仅具有全球视野，还推动了管理学领域的理论发展和应用进步。二是能够达到或超过省内领先水平的创新，意味着在区域性经济和行业中引领管理趋势，帮助企业在竞争中占据有利位置。三是应用国内外已有的成果，结合企业实际情况，进行本土化改进和创新，能够提升管理实践的效率和效果。

科学性。管理创新的科学性体现在其能够遵循现代管理科学的原理，基于对管理领域内客观规律的深刻理解。科学性强调的是创新方法的逻辑性和可验证性，管理创新应通过系统设计、科学分析和数据验证来解决企业经营管理中的重大问题。这种科学性不仅体现在理论的正确性上，还要求创新方法具有系统性和严密性。科学性避免了盲目行动和不必要的风险，确保管理创新具备高度的合理性和可操作性。

先进性。管理创新的先进性体现在关注处于行业领先地位的企业和竞争对手的管理实践，追求更高的效率、质量和创新的管理能力。企业对行业趋势的前瞻性理解和对管理方法的不断迭代更新，通过管理体系构建和管理工具运用，能够显著提高企业的效率、质量和创新能力，并在全国或全省范围内具有首创性或达到同行业的领先水平。

实践性。管理创新的价值不仅体现在理论上的创新，更在于其在实际管理中的可操作性和应用效果。实践性强调管理创新必须能够解决企业面临的实际问题，推动企业管理效能提升，促进企业在经营管理中获得实质性改进。

效益性。管理创新的最终目标是通过提升管理能力，为企业带来显著实绩实效。效益性体现在管理创新对企业业务运营、组织效率、员工绩效和客户满意度等方面的综合影响。效益性的衡量标准不仅是理论上的推演或短期效应，而是经过一年以上的管理实践，通过科学的测量和计算，能够证明管理创新切实提高了企业的运营效率和经济效益。

二、管理创新的发展

（一）全国企业管理创新的发展

1990年4月21日，由当时的国务院企业管理指导委员会、国务院生产委员会颁布了《全国企业管理现代化创新成果评审推荐暂行办法》（企指委字〔1990〕4号文），在全国范围内开展企业管理现代化创新成果申报、推荐、审定和宣传推广工作，拉开了这项活动的帷幕。

1992年10月，国务院经贸办设立"全国企业管理现代化创新成果审定委员会"，负责主办成果审定工作，明确此项成果为国家级。

2003年和2006年，国务院国资委和国家发展改革委分别发出通知，进一步推动管理现代化创新成果的申报审定与发布，鼓励国资央企和中小企业积极参加成果申报工作，并明确规定成果奖与科技进步奖同等奖励。

2016年7月，工业和信息化部联合国家发展改革委等十一个部门印发了《关于引导企业管理创新管理提质增效的指导意见》，明确要深入促进企业管理创新工作开展。

2018年2月13日，中共中央办公厅、国务院办公厅印发《贯彻落实〈中共中央 国务院关于营造企业家健康成长环境 弘扬优秀企业家精神 更好发挥企业家作用的意见〉分工方案》，明确由中国企业联合会持续推进全国企业管理现代化创新成果审定工作。工业和信息化部与中国企联多次联合组织成果推广。各地方政府部门、企联组织也积极支持当地成果审定、申报、推广工作。

经过30多年的完善和发展，全国企业管理创新成果审定推广工作已基本形成国家级、地区或行业级、集团级的审定推广工作体系。全国已有31个省级和计划单列市企联组织、14家全国性工业行业协会、54家中央企业和其他50余家500强企业常年组织推荐或开展系统内成果审定推广工作。全国企业管理创新成果审定推广工作由于体系不断健全、制度不断完善、范围不断扩大、内容不断丰富，已经成为国内企业中影响力大、欢迎程度高的群众性活动。

30多年的实践证明，群众性的企业管理创新成果审定推广活动，是挖掘、培养企业改革、创新和管理方面好经验、好苗子最有效的方式和手段。这些成果构筑了中国式现代化管理的基石，经过专家学者的提炼总结，已经形成了具备一定理论高度的科学成果。这些成果经过逐级认定，不仅能有效调动广大企业开展管理创新的积极性，而且可以成为政府主管部门、各类企业和社会各界的重要参考，这些鲜活的企业创新实践经过改编成为教学案例后还可进入课堂，提炼形成管理科学理论。

（二）电力行业管理创新的发展

多年来，电力行业在国家科学技术创新领域一直发挥着主力军的作用，坚持以创新推动发展，电力科学技术水平不断提升。水电工程、西电东送、特高压、智能电网、核电、新能源发电及燃煤发电高效清洁利用等领域不断取得科技创新成果，行业、企业的科学管理水平不断提高。在国家持续推进创新战略的背景下，中电联分析电力行业科技发展和行业创新的趋势、特点和需求，广泛征求电力企业、研究机构的意见，按照"立足行业、服务企业、联系政府、沟通社会"的功能定位，经过中电联理事会同意和中国科技奖励主管部门认可，设立中国电力创新奖。

中国电力创新奖主要是为鼓励广大专业技术人员和管理人员理论创新、技术创新和集成创新，将创新成果与实践相结合，在电力行业工程技术领域和行业管理领域提高科技水平和管理水平。中国电力创新奖的优势在于立足电力行业，源于电力行业，引领电力行业，为创新者提供一个新的创新、交流和展示的平台。

中国电力创新奖从启动之初就坚持规范管理，办法先行。在广泛征求电力企业、有关评奖机构、国家科技奖励主管部门等多方面的意见基础上，制定出台了《中国电力创新奖奖励办法》（简称《奖励办法》）。《奖励办法》规定了奖励类别和评审标准、评审机构及职责、推荐、申报条件及要求、评审程序异议处理、奖励及罚责等内容。配套的《中国电力创新奖奖励办法实施细则》，对于限额要求、受理要求、分组管理、专家管理、评审要求等作了具体规定。规范先行，使奖励工作有章可循，有规可依，并突出了行业评奖的特色。以制度规范评审行为，最大限度避免了人为干扰，保证了公平公正地遴选出代表行业最高水平的创新成果。

中国电力创新奖的评审牢牢扎根于行业和企业。首先，推荐项目符合行业发展需要。评审的专业划分着重体现了电力行业清洁发展、节约发展、低碳发展的总要求和趋势；专业分类上，区别于学院类评奖和学会评奖，着重突出了行业设奖的特点。其次，在奖项设立上坚持"宁缺毋滥、优中选优"的原则。清晰界定一、二、三等奖评审条件。如一等奖规定工程技术创新项目成果在关键技术、系统集成和系统管理等方面有显著创新，工程复杂、技术难度大，创造了显著的经济和社会效益；行业管理创新项目成果对电力工业科学发展和技术进步有显著影响，创新性强，可操作性强，在同类标准、规范研究中处于领先水平。再次，评审专家来源于行业。同时，评审工作始终紧紧扎根于中电联会员单位，并以限额报送的形式控制报奖数量，提高项目质量。

中电联组织成立中国电力创新奖评审委员会，由中电联常务副理事长担任主任。评审委员会采用会议集体评审的形式和记名投票的方式进行表决，获奖项目必须通过《奖励办法》规定的评审委员会票数。在项目公示和异议处理结束后，中国电力创新奖总体评审工作和评审结果向中电联党组报告，经党组研究批准后向社会和行业发布，保证评奖工作的权威性和严肃性。

（三）电网企业管理创新的发展

国家电网公司高度重视管理创新，将管理创新作为实现企业发展和管理提升的重要抓手，2002年以来按照国家层面相关部署和企业发展内生动力要求，循序渐进地推进管理创新工作，在探索中发展，在发展中总结。主要可以分为：自主自发、统一部署、体系建立、持续发展、全面深化五个阶段。

2002—2008年为自主自发阶段：围绕管理方面的问题，各部门、单位自主开展创新活动。

2009—2011年为统一部署阶段：统一部署管理创新工作，明确归口部门职责，初步建立管理创新机制。

2012—2013年为体系建立阶段：首次发布《国家电网公司管理创新指引》，第一次构建了系统完整的公司管理创新体系，标志着公司管理创新工作进入制度化、规范化、全员化的新阶段。

2014—2018年为持续发展阶段：发布《管理创新工作管理办法》，实施"管理创新示范工程""管理推广工程"，有效地推动管理创新成果落地应用，公司管理创新工作逐步走向成熟。

2019年至今为全面深化阶段：以公司战略目标为引领，更加注重管理创新与公司重点工作的全面融合，结合"放管服"要求，统筹公司各层级、专业开展管理创新实践，更好发挥管理创新对公司新时代战略的重要支撑作用。

第二章 电网企业管理创新的主要领域

电网企业管理创新在战略层面、业务层面与班组层面等主要领域开展了一系列实践。战略层面，涵盖了战略目标制定与落地、世界一流企业的对标与建设、数字化转型升级及可持续性管理；业务层面，在电力保供、能源转型、设备管理、科技管理、供电服务、电网建设、物资供应、人资管理、财务管理和党的建设等多个方面进行了深入创新；班组层面，在班组日常管理的各项工作中引入先进的管理理念和工具方法，开展班组管理创新实践，提升班组管理水平典型做法有全业务核心班组建设、数字化赋能班组建设与基于三维驱动的班组人力资源管理等。

一、战略层面的管理创新

战略层面，以服务党和国家工作大局为基础，顺应能源行业发展趋势和数字化转型升级的需求，明确向世界一流标准看齐，构建了以企业战略目标为核心，涵盖战略研究、制定、实施、评估的闭环管理机制，通过顶层设计和对标提升价值创造能力，加快建设世界一流企业。

（一）战略制定与落地

1. 战略目标制定

国家电网公司始终坚持以战略引领发展，逐步探索构建了以企业战略目标为核心，以战略研究、战略制定、战略实施、战略评估闭环管理机制为主线，以智能平台、智库研究、制度标准、组织保障为支撑的战略管理体系。国家电网公司顺应内外部形势变化，于 2017 年研究提出建设能源互联网企业的战略目标，开启了从电网企业向能源互联网企业转型之路。于 2020 年将战略目标进一步明确为"建设具有中国特色国际领先的能源互联网企业"，实现了战略目标的优化升级。其中，"具有中国特色"是根本，"国际领先"是追求，"能源互联网"是方向，明确回答了公司"走什么道路、做到什么程度、干成什么样"等重大问题。"具有中国特色""国际领先""能源互联网"三足鼎立、三位一体，彰显了公司的政治本色、行业特色和发展角色，构成指引公司发展的航标。在此基础上，围绕实现战略目标，综合考虑内外环境、业务成长、发展驱动等，对公司发展进行全局性谋划和战略性部署。2021 年，深入分析国家对中央企业高质量发展的有关要求，基于对外部环境和发展基础，研究确立了"一业为主、四翼齐飞、全要素发力"（一体四翼）发展布局，明确了"五个不动摇、四个统筹好"的原则要求和"六个更加"发展思路，完善了公司战略的"四梁八柱"，标志着战略体系架构全面形成。

2. 战略目标落地

为深入贯彻落实国家电网公司战略目标，服务地方经济发展，国网福建电力紧扣"一体四翼"高质量发展，于 2023 年提出"2426"发展思路（聚焦打造"两个典范"，始终坚持"四个注重"，突出抓好"两个提升"，持续攻坚"六个做强"）。在此基础上，锚定电网、服务、经营、改革、产业、党建高质量发展目标，于 2024 年提出"一个引领、六条路径"工作主线（坚持以重要勉励精神为引领，推进全方位高质量发展；聚力"三大三先"，坚持走以数智化坚强电网推动构建新型电力系统的路径；聚力"双满意"，坚持走以客户为中心的服务升级路径；聚力优质资产，坚持走以资产为核心的经营路径；聚力价值创造，坚持走适应数字化转型的改革路径；聚力"两化一力"，坚持走遵循现代企业制度的产业发展路径；聚力红色堡垒，坚持走"三型两化"党建工作路径）。

（二）加快世界一流企业建设

1. 对标世界一流管理提升

习近平总书记在十九大上发出了培育具有全球竞争力的世界一流企业的动员令，明确了新时代国有企业改革发展的目标方向。国家电网公司高度重视创建世界一流示范企业，把世界一流企业建设融入发展战略，创新实践"顶层设计、对标提升、重点突破、鼓励探索"的模式，做强做优做大国有资本和国有企业，完善中国特色现代企业制度，加快建设"产品卓越、品牌卓著、创新领先、治理现代"的世界一流企业。国家电网公司紧紧围绕战略目标中"国际领先"的内涵，聚焦"什么是国际领先""与国际领先的主要差距""如何建设国际领先"三个关键问题，聚焦世界一流示范企业关键指标，对标法国电力、东京电力、意昂集团等国际领先能源电力企业。电网企业对自身管理进行诊断分析，立足实际对标国际同等规模电力企业、央企一流能源企业、内部先进企业等，差异化制定对标指标，让"一流建设"标准清晰可见。同时，遴选 10 家管理创新基础较好的单位为典型引领单位，积极探索实践，打造创建世界一流尖兵。

2. 对标世界一流价值创造

国网福建电力认真落实国家电网公司建设世界一流企业工作部署，创新"三向四线·全链卓越"价值创造实践路径，深入实施对标世界一流企业价值创造行动。坚持问题导向、目标导向、结果导向相统一，把握以资产为核心的经营主线、以理念争先为引领的战略主线、以客户为驱动的服务主线、以合规为基石的治理主线，实施经营价值、战略价值、社会价值、治理价值、创新价值、文化价值"六大价值创造行动"，不断提升效率效益水平，有力支撑国家电网公司战略目标实现。

（三）数字化转型升级

1. "五全"数字化体系建设

国家电网公司围绕保障安全生产、加强业务支撑两条主线，以精益运维、全面运维、自主运维、智能运维四个方向为指引，通过明确业务职能职责、优化运行联动机制、强化智能运维应用、完善运行管理标准、提升人员专业素养五大举措，完成"系统运维为主"向"系统业务运维并重""复杂冗长固化"向"灵活高效迭代""人工运维为主"向"智能化运维为主""事后响应处置"向"事前预防预警""运行支撑保障"向"业务融合赋能"的五大转变，构建起实现"全范围掌控、全场景保障、全渠道服务、全流程协同、全领域智能"的"五全"数字化运行体系，服务数字电网高质量建设。

2. "数字闽电"建设实践

围绕数字赋能电网企业高质量创新发展的目标，国网福建电力、国网信产集团、国网大数据中心、国网智研院四家单位以"三个引领、四个助力"为具体实践做法，科学规划管理实践路径，联合开展"数字闽电"建设。"三个引领"，即顶层设计、场景构建、样板打造的创新引领。"顶层设计引领"是根据公司发展战略，通过绘制电网企业数字化转型顶层设计体系，形成一套"1+11"（1 个总体方案+11 个配套专项方案）的顶层设计方案；"场景构建引领"是围绕数字化基础、数字化电网、数字化运营、数字化服务、数字化生态五个方向，通过业务场景的转型构建，形成一套数字化转型方法论；"样板打造引领"是开展数字化示范工作，形成可复制可推广的典型场景，实现成果规模化转化应用，打造一批典型示范应用。"四个助力"，即组织机制、作业模式、数字文化、人才锻造的变革助力，形成一套保障机制。"组织机制助力"主要依托"两院两公司一中心"，重构数字化组织机构支撑体系，发布数字化管理规范，释放转型动力；"作业模式助力"主要改变作业方式，实现电力生产作业模式从人工操作向机器自动化替代转变，客户服务模式由线下向线上模式转变；"数字文化助力"主要通过树立公司"数说"的工作认同，借助数字中国建设峰会的高端交流平台，彰显公司形象及品牌影响力；"人才锻炼助力"主要通过开展"2211"❶数字化人才培育评价体系建设，打造数字化人才队伍，提升全员数字素养。

---

❶ 数字化知识和课程两大图谱、数字化培训和评价两大机制、一支数字化人才队伍、一个数字化人才生态。

（四）可持续性管理

1. "3V-5S-5C-6M" 可持续性管理体系

国家电网公司从价值、行动、平台三个层面，构建了具有中国特色的"3V-5S-5C-6M"可持续性管理体系模型。在 3V 价值层面，以实现经济价值、社会价值、环境价值协调发展为驱动，明确可持续性管理的价值纲要、价值导向和价值引领，通过 3V 价值追求，将创新、协调、绿色、开放、共享的新发展理念贯穿于以电为中心的发展全过程和各领域。在行动层面，聚焦联合国 2030 年可持续发展目标，以横向覆盖电网全业务和纵向连接电网全流程的思路，通过梳理电网业务后归纳分类，形成 5S 行动领域（主要包括可持续的电力供应、可持续的生产运营、可持续的电能消费、可持续的能源生态、可持续的社区生活）；为保障项目实施推进，制定实施步骤和操作方法，形成 5C 行动路径（主要包括合规化机遇识别、链条化主题分析、竞争性服务设计、共享型生态打造、相关性绩效评估）。在平台层面，为优化支撑可持续发展管理工作，制定了 6M 配套工作机制（主要包括组织机制、资源机制、管理机制、能力机制、激励机制、利益相关方参与机制）。

2. 福建特色"可持续丝路"建设

国网福建电力全面贯彻创新、协调、绿色、开放、共享的新发展理念，持续争优、争先、争效，按照"一丝串两带、五地牵百景"建设思路，串联福建电力各色可持续性管理实践成果，打造具有福建特色的"可持续丝路"品牌。"一丝"即以福建省山海地理特征为主线，包含沿海和山区两类可持续发展特色场景。"两带"即建设沿海"文化遗产+科技赋能"可持续发展文化带、山区"自然生态+资源利用"可持续发展文化带。"五地"即重点打造新型电力系统建设、清洁能源发展、低碳海岛发展、山林水土保持、自然文化遗产保护五块高地。"百景"即培育可持续的经营发展、可持续的电力供应、可持续的生产运营、可持续的电能消费、可持续的能源生态、可持续的社区生活等超百个可持续性管理示范场景。

二、业务层面的管理创新

业务层面，电网企业在电力保供、能源转型、设备管理、科技管理、供电服务、电网建设、物资供应、人资管理、财务管理和党的建设等多个方面进行了深入创新。

（一）电力保供方面，构建面向新型电力系统的多级供电保障管理体系

为了贯彻国家"双碳"目标和电力保供政策，应对新能源发展带来的电力电量平衡挑战，落实发展战略和保供体系建设工作部署，国家电网公司围绕着电源侧、电网侧、市场侧、用电侧电网运行全环节，以全网一盘棋，建立政府、发电企业、供电企业、售电企业、用户等相关方多级、多端互动机制，加强对煤炭、燃气、新能源发电等一次能源跟踪分析及监测预警，构建了燃煤发电、燃气发电及新能源发电多级一体化调控，网、省、市、县纵向、横向多级多端调控运行方式一体化优化的调度运行体系，科学有序管理用电缺口、优化电力市场交易体系建设，形成了一套面向新型电力系统的多级供电保障管理体系，有效缓解新型电力系统建设和保供电之间的矛盾，圆满完成了冬奥会等国家重大活动保电任务，保供体系建设和保供能力再上一个新台阶。

（二）能源转型方面，构建绿色发展与碳中和管理体系

国家电网公司围绕供给侧融合新能源全产业链、消费侧构建碳服务全生态圈两条主线，以新能源云平台为载体，贯通"碳-能-电"全价值链条，建立服务绿色发展与碳中和管理体系。通过聚力打造以新能源全链条和生产生活全方位数据为基础的绿色低碳数字底座，形成强大的低碳服务数字牵引力；着力在转变生产方式和生活方式两端发力，服务生产节能降碳转型、服务生活绿色普惠发展；以数字化赋能政府双碳管理决策，形成促进双碳变革落地治理体系，助力碳排放双控转型；构建标准、机制、平台并行的保障机制，保障多方协同

实现绿色低碳良性有序发展，支撑新能源云服务全社会绿色发展和"双碳"目标实现，助力具有中国特色国际领先的能源互联网企业建设。

（三）设备管理方面，构建"三全""五化"现代设备管理体系

国家电网公司紧密跟踪内外部形势环境变化，围绕"一体四翼"发展布局，突出战略引领，研究构建了"三全""五化"为特征的国网特色现代设备管理体系。即实施全员、全寿命、全要素管理，助力管理精益化、队伍专业化、装备智能化、业务数字化、绩效最优化。通过统筹贯通设备实物和价值，统筹兼顾安全、质量、技术、经济、服务等核心要素，统筹平衡设备初始投资与全寿命周期成本，实现从专业管理向全员管理的转变，从维修管理向健康管理的转变，从设备管理向资产管理的转变。开展安全保障提升、设备质量提升、资产价值提升、专业管理提升、业务模式转型、数字化转型六项行动，全面推动现代设备管理体系落地见效，加快实现安全稳定、质量可靠、技术先进、经济高效、服务优质设备管理目标。

（四）科技管理方面，构建科技创新智慧管理体系

电网企业科技创新智慧管理体系构建是以实现高水平科技自立自强为根本点，以创新驱动企业高质量发展为出发点，以数字化转型助力科技创新能级提升为着重点，以推进关键核心技术攻关为落脚点，依托人工智能等数智技术，挖掘海量数据资源，构建形成以能源电力知识图谱为内核，以科技创新智慧平台为载体，通过聚合多源数据要素、感知技术发展态势、支撑创新智慧决策、强化科技协同攻关、构建量化评价体系、培养选优创新人才等举措，打造集科技资源集成化、信息获取便捷化、数据分析可视化、技术关系图谱化、项目管控协同化和管理决策智慧化于一体的科技创新智慧管理全新范式。该体系充分发挥数字智慧连接和要素互动协同的作用，实现了以数字化提高科技创新管理质效，以科技创新智慧管理全面支撑高水平科技自立自强的目标。

（五）供电服务方面，构建卓越服务管理体系

国家电网公司全面秉承"人民电业为人民"宗旨使命，坚持"不断超越自我，追求'只有更好、没有最好'"的卓越精神，聚焦高质量履行央企政治责任、经济责任、社会责任，深入贯彻党和国家部署，及时保障居民用户、政企用户的服务需求，从服务内容、服务方式、服务生态、增值服务四个维度开展创新，开创性地构建卓越服务管理体系架构，重塑基础业务服务流程、打造超预期多元服务产品、搭建高效能服务系统、构造产业链上下游服务生态。以组织架构、数字平台、品质管控、服务文化为保障，为城乡居民提供"用得上、用得起、用得好"普惠均等供电服务，守牢民生用电底线；打造成本低、手续简、接入快的用电营商环境，为经济高质量发展赋能；实施乡村电气化工程、能源消费转型工程，全力服务乡村振兴、助力"双碳"目标实现，为国家重大战略落地保驾护航。经过多年实践，取得了良好社会效益，获得了政府、社会和客户的广泛认可。

（六）电网建设方面，构建"六精四化"现代化基建管理体系

国家电网公司坚持科学性、系统性、可行性相统一，借鉴国际领先的组织级项目管理理论（OPM 理论），构建以"六精"❶"四化"❷为特征的现代化基建管理体系：以"六精"为专业能力提升目标，针对当前基建专业管理存在的问题，突出"精益化管理"理念细化专业管理颗粒度，强化设计、现场等关键环节管控，狠抓六大管理要素提升，在横向上不断增强专业系统凝聚力，在纵向上不断增强专业管理穿透力，推动电网专业管理能力迈上新台阶。以"四化"为建设能力提升目标，巩固近年来电网工程标准化建设成果，着眼新型电力系统建设新要求；应用现代智能建造技术，不断拓展机械化施工应用场景；落实绿色发展理念，推动电网绿色发展；以数字技术赋智赋能，推动电网智能升级；

---

❶ 精益求精抓安全、精雕细刻提质量、精准管控保进度、精耕细作搞技术、精打细算控造价、精心培育强队伍。
❷ 标准化、机械化、绿色化、智能化。

全面推进电网高质量建设，推动电网工程建设能力迈上新的台阶。

（七）物资供应方面，构建绿色现代数智供应链

国家电网公司强化战略思维、系统思维、创新思维和链式思维，以服务建设现代化经济体系、提升产业链供应链韧性和安全水平为主线，通过构建行业级供应链公共服务平台、供应链基础大数据库、行业级供应链高端智库，创新实施实物 ID 赋码、实物流及业务流驱动，深入推进阳光采购、供应商多维评价、现代仓储物流等八大行动，建立能源电力行业绿色现代数智供应链管理体系，形成"标准引领、需求驱动、数智运营、平台服务"的绿色数智发展新业态，提升供应链发展支撑力、行业带动力、风险防控力、价值创造力。

（八）人才管理方面，构建适应数字化转型的人才培育体系

国家电网公司与国网福建电力强化协同联动，坚持"战略聚焦、价值导向、分类施策、创新机制"原则，以全面提升全员数字素养与技能为目标，通过借鉴职业教育领域国际上广泛应用的方法论——DACUM 分析法，分析研讨数字化工作任务及所需技能，创新构建以"知识和课程两大图谱"为根，以"培训和评价两大机制"为心，以"一支'333'人才队伍"[1]为本，以"一个人才生态"为翼的数字化人才培育体系，为全方位推进数字化转型发展奠定坚实的人才基础。

（九）财务管理方面，构建业财融合的资金经济调度体系

国网福建电力贯彻提质增效和数智化转型工作部署，进一步深化业财融合、做优资金融通，创新构建"321"资金经济调度体系，对内支撑资金高效率统筹运作和企业高质量转型发展，对外助力产业生态良性循环和多方主体共同成长。"321"资金经济调度体系聚焦资金流动性、效益性和安全性"三大属性"统筹

---

[1] 即选拔 30 名数字化专家型人才，培养 300 名数字化专业型骨干人才，培育 3000 名数字化应用型骨干人才。

平衡，围绕电力购销和资产全寿命周期管理"两条主线"协同运作，以建设"世界一流"资金管理体系为目标，通过"模式变革、机制创新、价值引领、数智升级和健全保障"五项行动，全面升级资金管理全业务协同、全链路交互、全要素激活，发挥央企资金枢纽的统筹协调作用，全方位支撑企业新时代的使命任务，助力产业生态高质量可持续发展。

（十）党的建设方面，构建"三型两化"党建工作体系

国网福建电力把目标管理理念引入党的建设领域，全面落实国家电网公司关于深化"旗帜领航"党建工程的决策部署，将营造"红旗飘飘，红星闪闪，红色堡垒稳固坚强"的党建工作生态作为总体目标，统一部署实施"旗帜领航·新时代红色堡垒"工程，构建"三型两化"党建工作体系。"凝心聚力型"铸魂体系以巩固团结奋斗的思想基础、锻造昂扬向上的精神风貌、涵养正心正念的新风正气，"价值创造型"融合体系以融入公司治理引领发展、融入生产经营提质增效、融入为民服务彰显担当，"敢拼会赢型"战力体系以筑牢坚强战斗堡垒、淬炼过硬电网铁军、铸就强大文化力量。以完善党建制度规范体系、构建科学高效管控机制、推行立体式科学考评，形成"标准化"管理机制；以建设数字化党建中台、打造智能化治理系统、构建智慧化党建生态，形成"智慧化"赋能机制，以高质量党建引领公司高质量发展。

（十一）基础管理方面，构建"标准+认证"的卓越管理体系

国网福建电力基于"标准+认证"的卓越管理体系，以卓越绩效模式为体系框架，创新融合各专业管理体系；以"标准"和"认证"为两大支柱，推动管理体系持续改进；以保障平台为支撑，从文化、队伍、组织、数字化等方面全面保障管理体系落地实施。其中："标准"是建立管理体系规范的基础，是过程控制和认证开展的依据。通过引入成熟的管理体系标准、研制国际领先的一流标准，推动管理体系的规范化、科学化、现代化。"认证"是促进管理体系实施的路径，是过程监督和标准提升的手段。通过开展管理体系第三方认证和高

端品牌认证，推动管理体系的有效落地实施和持续改进提升。"卓越绩效模式"是推动各专业管理体系融合，实现组织绩效整体提升的工具。通过导入卓越绩效模式，实现领导、战略、顾客与市场、资源、过程、策略分析改进、结果等各模块专业管理体系的整合，持续提升管理质量。

三、班组层面的管理创新

班组层面，在班组日常管理的各项工作中引入先进的管理理念和工具方法，开展班组管理创新实践，提升班组管理水平。

（一）全业务核心班组建设

国家电网公司以保障国家能源安全、落实企业战略布局为目标，以现代设备管理发展要求为导向，结合基层运检班组工作现状和能力提升需求，打造全业务核心能力提升的设备运检班组建设。依托班组业务能力培训提升和运检资源优化配置，实现核心业务"自己干"；基于数字技术赋能的业务模式转型，实现核心业务"干得精"；实施项目管控思维的外包作业安全质量管控，实现外包业务"管得住"；推行物质奖励、职业成长、精神激励等多种激励机制，实现青年人才"留得住""用得好"，提升基层队伍技能水平提升、现场作业效率，支撑运检业务更高质量开展。

（二）数字化赋能班组建设

国网福建电力按照"贴近基层、贴近业务、实用为先"的原则，聚焦基层班组的痛点、难点和堵点，依托"机制活、措施精、能力强、服务优、体验佳"的工作方式，整合数字化资源，依托构建数据中台再集成等在班组延伸应用、数据融合及贯通、深化应用整合及人工智能等新技术的应用，赋能班组"用数敏捷、减负智治、提质增效、创新发展"；通过构筑数字化班组能力模型、数字化成熟度模型常态化评价机制，形成"数字赋能、数据驱动"的班组赋能模式，推动"大云物移智"等先进技术、平台在基层班组深化应用,实现基层班组管理有数据、数据录入不重复、系统操作提速度、现场作业更智能。

(三)基于三维驱动的班组人力资源管理

国网重庆电力基于价值引领、结构赋能和人力资源保障三大意识,构建了以"心-能-力"三维驱动为核心的人力资源管理模型,并围绕该模型确立了组织架构与工作要求,优化了绩效考评管理体制,以期能够形成系统缓解一线班组空心化问题的持续运行机制。从文化层面设计"三心"价值引领模型,激励员工涵养,不忘"初心"的担当品格、锤炼"安心"工作的实干作风、增强不断进取的"尽心"意识,推动责任型文化根植,增强员工内驱力,为缓解一线班组空心化提供精神支撑;从组织层面设计"三能"结构赋能模型,从结构"聚能"、技术"助能"、人才"活能"的维度,搭建赋能型管理结构,解决组织制约问题,为缓解一线班组空心化实现组织赋能;设计"三力"人力资源管理职能保障模型,通过提升岗位"胜任力"、班组"支撑力"、专业"协同力",为缓解一线班组空心化问题提供全面保障。

第三章 管理创新工作体系建设

国网福建电力在管理创新工作实践过程中，以价值层、实践层、保障层为引领，借鉴管理创新框架及卓越绩效管理模式，构建形成以"五阶段卓越提升"为核心的管理创新工作体系，不断提升管理创新工作质效，提升公司各专业领域管理能力和水平，为公司全方位高质量发展提供坚强管理支撑。

一、国网福建电力管理创新工作总体思路

国网福建电力以习近平新时代中国特色社会主义思想为指导，落实创新驱动发展战略，紧密围绕公司"2426"发展思路和"一个引领、六条路径"工作主线，借鉴 NABC 创新框架，充分考虑需求（Needs）、方法（Approach）、价值（Benefits）、竞争力（Competition）四个关键要素，基于管理创新项目全生命周期五个阶段，突出项目需求导向（N），搭建覆盖全层级的创新平台，推广应用"卓越管理提升五步法"，推动项目科学实施（A），建立贯穿项目周期的价值评估机制（B），健全全方位系统化保障机制，项目化推动战略落地，提升企业竞争力为目标（C），构建形成以"五阶段卓越提升"为核心的管理创新工作体系（见图 3-1），发挥管理创新驱动牵引作用，提升公司各专业领域管理能力和水平，为公司全方位高质量发展提供坚强管理支撑。

在价值层，以中国式现代化的新使命定位新时代企业管理创新，立足管理创新价值创造本质，项目化推动战略目标落地，提升企业核心竞争力，加快推动世界一流企业建设。

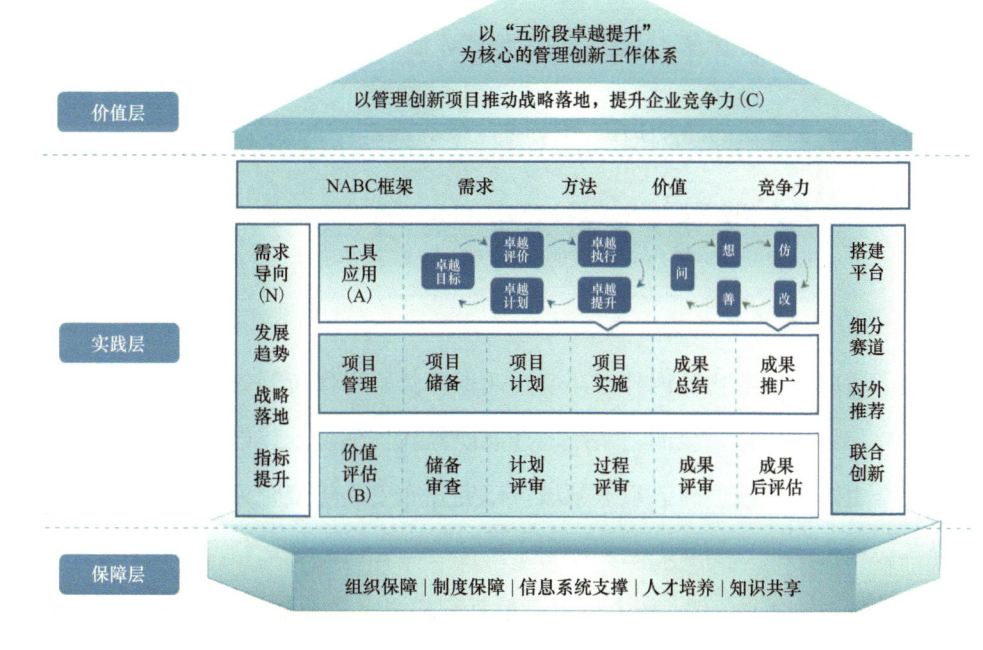

图3-1 基于"五阶段卓越提升"的管理创新理论工作体系框架

在实践层，突出项目需求导向，搭建全层级创新平台，构建管理创新项目全生命周期管理模式，包括储备、计划、实施、总结、推广五个阶段，推广应用基于卓越目标、卓越评价、卓越执行、卓越提升和卓越计划的"卓越管理提升五步法"，以及"问、想、仿、改、善"五字要诀，科学推动项目实施，同时建立贯穿项目周期的价值评估机制，全面评估项目进度和成果质量，不断挖掘成果价值，提升管理创新价值创造能力。

在保障层，健全组织保障和制度保障，建设项目全过程管控平台，培养管理创新专家人才，多渠道、多方式推动先进管理成果交流和知识共享，加快构建开放共享的创新生态。

二、国网福建电力管理创新工作实践路径

实现管理创新是一个复杂而系统的过程，需要企业通过具体的步骤和路径

来确保每个环节的效果。这一过程涉及管理创新项目的全生命周期，包括需求导向、平台搭建、项目管理、工具应用、价值评估、基础保障等重点环节。

（一）坚持管理创新项目需求导向，聚焦重点同向发力

战略引领是在组织层面上，通过制定和执行战略来引导组织的发展方向和行动路径。

1. 聚焦管理发展趋势方向

为了适应不断变化的内外部环境，确保在竞争中保持领先地位，每年末，针对内外部环境变化，全面、系统地开展研究和评估，聚焦电力保供、能源转型、安全生产、科技创新等重点领域，研究发布下一年度管理发展十大方向，引导各级单位的管理创新选题立项紧密聚焦管理发展趋势，精准选择重点方向和关键领域，将企业资源、精力集中在最具有战略意义和最有发展潜力的领域，有针对性地开展管理创新工作，提升管理水平和业务效益，实现管理创新项目有效支持公司的战略落地和业务需求，以实现高效、可持续地发展。

2. 聚焦推动重点工作落实

为了确保管理创新能够切实推动战略目标落地，将管理创新项目与年度重点工作任务紧密结合起来，将其作为提升企业整体管理效能的重要手段。在申报管理创新项目计划时，必须聚焦年度重点工作任务，避免偏离大方向的创新或与实际需求脱节的项目。同时，对于年度战略目标实现具有重要支撑作用的管理创新项目，优先考虑在整个组织内统筹推进。在管理创新成果评选阶段，将项目推动重点工作任务落实的成效作为成果质量的重要考量，确保管理创新项目推动企业战略目标落地。

3. 聚焦提升核心指标水平

管理创新项目始终围绕企业核心指标提升进行创新实践，核心指标包括但不限于安全生产、客户服务、效率效益等方面。通过项目与核心指标的关联，在项目的各个阶段，包括立项、实施和评估等，都始终围绕既定的指标目标开展，确保管理创新项目有的放矢，精准提升组织运营效率与管理水平。在申报

计划中，必须与业绩指标、对标指标、创一流指标相挂钩，与行业内外其他领先企业进行比较，确保项目的创新性和前瞻性，确定提升的具体目标。在项目实施中，制定清晰具体的实施方案，对于优势指标，提出创新措施用于巩固和提升现有优势；对于短板指标，识别分析问题根源，制定改进计划措施，推动短板指标提升。在成效评估中，比对分析指标提升成效与目标的差距，确保管理创新实际效果能够如期显现。

（二）搭建全覆盖的管理创新平台，汇聚创新发展动能

搭建覆盖各层级单位的管理创新平台，积极拓宽优秀成果对外推荐渠道，推动内部部门联合、与外部高校及上下游企业联合创新模式，不断汇集管理创新动能。

1. 细分内部管理创新赛道

在推动管理创新的过程中，形成示范项目与推广项目并重的模式，示范项目旨在推动管理创新实践，推广项目旨在推动成熟的管理创新成果在更大范围推广应用，不断挖掘管理创新价值。同时，面向产业单位以及下属单位、各区域公司，设立产业单位管理创新赛道，做好产业单位管理创新工作的同质化管理。针对广大县公司参与示范、推广项目机会不多的情况，设计县公司管理创新赛道，推动县公司间管理经验交流互鉴。在班组层面，设立班组管理创新赛道，以基层班组发展需求为导向，引导各专业班组积极推进管理创新实践，总结班组管理先进做法，加强班组管理经验交流，实现公司各层级的管理创新平台全覆盖。

2. 拓宽成果对外推荐渠道

一是加强与上级主管部门对接。积极与总部企管部、中企联、中电联保持密切联系，主动了解年度项目重点趋势方向，加强项目实施情况及成果做法的沟通汇报，确保重点管理创新项目从立项到成果各环节获得认可与支持。二是推动搭建省级管理创新平台。作为全面支撑福建省企业与企业家联合会（简称"省企联"）主要的单位，国网福建电力推动搭建省级管理创新平台，推动福建

省管理现代化创新成果评审委员会组建及运行机制建设，梳理成果征集及评审工作流程，制定表彰奖励办法，组建评审专家团队，创新成果评审工作委员会已成功列入省企联组织机构（筹备），为推动福建省企业管理现代化创新工作开展奠定了坚实的基础。

3. 建立内外联合创新模式

一是推动内部联合创新，以往管理创新项目大多是单个部门或单位独立实施的情况，而作为企业整体对外输出管理成果，内容往往会不够全面。通过跨组织、部门、单位的合作，开展"跨部门、跨专业、跨层级"的系统性、综合性管理创新实践，充分发挥资源共享和优势互补的优势，集中资源进行项目攻坚，推动形成更加全面的管理创新解决方案。例如从项目策划阶段，针对上级管控项目，推动各部门与其他省公司合作，或与公司内部协同部门合作；针对公司内部项目，推动各部门与协同部门、试点基层单位合作，同时基层单位可联合开展同题共答。二是加强外部合作创新，在年初项目策划阶段起，积极推动各部门、单位加强外部合作，与厦门大学、福州大学、华侨大学等高校，以及产业链上下游企业和研究机构等进行协同创新，"产学研"合作输出管理成果。省内通过福建省电力企业协会，省外通过合作单位当地相关协会，积极争取向中电联推荐更多系统成果和管理成果，有效扩大申报推荐成果数量。

（三）实施管理创新"五阶段"项目管理，形成项目管理闭环

借鉴项目全生命周期理论，提出管理创新项目全生命周期管理模式，包括项目储备、项目计划、项目实施、成果总结和成果推广等五个阶段，依托管理创新全过程管控系统，形成项目线上闭环管理。

1. 项目储备管理

项目储备库的建立是创新项目管理的首要环节，围绕战略落地、年度重点工作及专业管理需求等内容，以可行性、创新性等作为出发点，组织开展储备项目申报，建立项目储备库。储备项目分公司、基层单位两级管理，每年根据

需要组织多批次审核入库，储备满两年未进入计划库将自动从储备库中转出，保证储备库项目滚动更新，提高项目储备有效性。

2. 项目计划管理

项目计划管理是将项目储备库中的优质项目转化为计划项目实施的步骤。通过计划项目申报和下达，推动每个项目聚焦重点，同时避免重复创新。每年初统一组织计划项目申报，项目申报按照国家、电力行业、国家电网公司、公司四个层级进行，公司内部按照示范、推广、县公司赛道、产业单位赛道、班组赛道项目进行。储备项目满足储备实施三个月以上的条件，可申报对应赛道项目。项目申报后，围绕项目的科学性、创新性等进行评审筛选，经评审选定列入公司本年度管理创新计划项目并下达。对外申报推荐的项目，按照主办单位计划下达执行。

3. 项目实施管理

项目实施管理是项目过程管控的主要阶段，包括项目开题和实施推进。管理创新项目在列入计划后，由项目承担部门、单位直接组织或委托专业机构组织开题，制定细化项目的实施方案，形成开题报告和评审意见，为项目各项措施的具体实施提供重要依据和指导。以"卓越管理提升五步法"为脉络，重构管理创新项目实施模式，将标杆管理"对标-达标-创标"和卓越绩效"方法-展开-学习-整合"等方法引入管理创新项目策划、实施推进及结果验证全过程，以双月为周期组织各项目实施"卓越提升"改进创新，为科学推进项目实施提供有效路径。

4. 成果总结提炼

成果总结阶段包括组织成果主报告撰写及成果验收。组织各项目团队全面系统总结管理实践做法，与运用的科学管理理论方法进行有机结合，搭建体系化的管理框架，围绕框架的各项措施进行阐述，突出做法的创新性，以及解决复杂问题的有效做法。管理创新成果由项目承担部门、单位组织验收，通过召开验收会议，根据项目的目标实现和取得的成效，从管理提升、指标提升、经济效益等多方面维度评估进行验收。将经过一年及以上实践应用且创造出管理、经济、社会效益的项目进行成果申报。

5. 成果推广应用

建立管理创新成果推广应用的工作流程，应用"问、想、仿、改、善"五步要诀，由引入先进管理成果的单位作为主体，原成果创造单位作为推广对象，共同制定有针对性的推广方案，明确详细的推广计划安排及资源分配，充分利用资源，推动优秀管理成果有效落地应用。

（四）内嵌应用科学管理工具，推动项目改进创新

为提高公司整体管理效能，针对不同层级管理人员的职能定位及管理对象特点，构建管理工具推广体系，助力项目科学有序实施。

1. 应用"卓越管理提升五步法"推进项目实施

以卓越绩效管理理念为内核，融合多种管理工具，构建基于卓越目标、卓越评价、卓越计划、卓越执行、卓越提升的卓越管理提升五步法，在管理创新项目实施全过程进行应用。一是设定卓越目标。通过遴选对标对象，分析对比优势与差距，将对标分析结果作为参考依据，系统把控管理创新目标方向。二是开展卓越评价。依据创新目标并对照《卓越绩效评价准则》，通过卓越绩效过程四要素❶评价，识别管理改进机会，应用管理工具，逐项分析查找造成差距的原因。三是制订卓越计划。根据项目管理原理，围绕时间、质量、成本、对象、方法、流程等，确定优先改进问题，设计改进措施，明确责任主体，形成科学改进计划。四是保障卓越执行。明确落实改进计划所需要的人、财、物方面的保障措施，采用图表工具，对改进创新过程进行进度管理。五是推动卓越提升。根据对标实施情况、创新措施内容与方法、创新前后对比变化、创新效果等，定期反馈沟通进展情况，将原先的项目进展情况管控转变为项目要素的改进创新管理，有效提升项目过程实施质量。

2. "问、想、仿、改、善"五字要诀推动成果推广

以细化项目推广过程为出发点，建立基于"问、想、仿、改、善"五字要

---

❶ 方法-展开-学习-整合（Approach-Development-Learning-Integration，简称 ADLI）。

诀的管理创新成果和内外部最佳管理实践学习、借鉴及落地应用机制，提升成果推广应用质效。一是以"问"为始，由成果引入单位尽可能去了解原成果有关的细节，包括适用条件，判断是否适合本单位所处的情况。二是以"想"为要，思考原成果的核心特征，深入分析管理实践做法和落地实践细节，提炼总结原成果特征，以及背后的管理逻辑。三是以"仿"为基，要基于所思考总结出来原成果的模板，模仿原成果的核心做法，应用到本单位实际工作中。四是以"改"为重，在原成果的推广应用中，结合实际增加必要因素，减少不必要因素，不断地调整和优化落地应用细节。五是以"善"为终，持续深化应用模仿原成果的做法，解决了实际问题，不断完善，形成更加简化、适合本单位适用的管理模式。

（五）建立贯穿项目周期的价值评估机制，培育形成优秀成果

充分发挥评审工作的质量管控和导向作用，对应项目管理五个阶段，以兼顾短期效果和未来效益为导向，全面评估项目进度和成果质量，不断挖掘成果价值，提升管理创新价值创造能力。

推行项目储备计划评审。一是项目储备评审。组织专家对申报的储备项目在实施范围、重复性、必要性等方面的基本情况，以及项目的创新性、可行性等进行专业审查，确保发挥管理创新对战略落地的支撑作用，以此确定哪些项目适合纳入储备库。二是项目计划评审。在计划申报阶段，从项目创新性、科学性、实践性、示范性、推广性、效益性 6 个方面进行项目选题把关。考察项目是否具有独特的创新理念、管理实践路径是否科学严谨、是否能为其他单位提供示范引领以及推广价值，确保列入计划项目的质量。

推行项目实施过程评审。针对"卓越管理提升五步法"在项目实施中应用效果，分步骤进行评估并指导推动。在卓越目标上，评估是否通过对标找到管理优势与差距，从而确定创新总体目标；在卓越评价上，评估是否应用卓越绩效等管理工具剖析挖掘产生差距的根因；在卓越计划上，评估是否针对挖掘出的差距根因，制定逻辑明晰、可执行的改进创新计划；在卓越执行上，评

估项目执行过程中纠偏机制和保障措施的有效性；在卓越提升上，评估针对项目要素进行的改进创新成效，包括卓越目标的达成等，形成项目改进创新的闭环管理。

推行成果质量综合评审。运用成果"四步评审"法，推动优秀成果脱颖而出。"四步评审"分为形式审查、专业审核、专家评审、复审答辩，形式评审针对成果材料的完整性、成果报告的规范性、管理体系的逻辑性进行评审；专业评审衡量成果在本专业领域的创新性和示范性；专家评审围绕成果全部特性进行全面评审，并在相近专业领域中进行综合评估；答辩评审由专家组听取成果汇报，以及创新点和难点的说明，通过针对性地提问来深入沟通后进行评价。通过"四步评审"，确保管理创新成果质量得到充分验证，进而促进成果的有效转化和应用。

推行成果价值后评估。针对近三年获奖的高等级管理创新成果，围绕成果成效验证、固化形成标准、持续改进创新等方面，对成果的价值创造、可持续性及品牌效应等进行全面后评估，推动成果持续发挥价值。一是成果成效验证。成效验证旨在衡量成果的成效与最初设定目标之间的差异，验证管理创新项目是否达到了预期目标。通过定量和定性的深入分析，可以明确管理创新项目的哪些目标已经成功实现，这包括了对所带来的直接和间接成效的全面审视，直接成效方面可能包括安全水平和设备质量的提升、服务水平的提升、成本的降低、生产效率的提升等，而间接成效方面则包括客户满意度的提升、品牌形象的增强、典型示范效应的显现等，评估哪些管理创新成果是有效的，哪些需要调整或改进，从而确保资源得到最优配置和使用。二是固化形成标准。固化经验旨在将成功的管理创新实践经验转化形成可复制、可推广的标准和流程，固化为企业的制度标准，从而推动成果的全面应用，确保这些创新成果在未来能够持续为企业带来管理效益。三是持续改进创新。持续改进不仅可以对现有成果价值进行提升，还可通过不断地评估、反馈和优化，为企业未来的创新项目奠定基础。通过这一机制，企业能够形成一个持续创新的闭环，不断推动管理水平的提高。

三、国网福建电力管理创新工作保障措施

为确保管理创新工作落地见效，健全组织和制度保障，发挥数字化平台、创新人才、成果共享的保障作用，提升管理创新全要素能力，促进管理创新工作可持续发展。

（一）建立管理创新长效运行机制，提供组织制度保障

一是健全组织机构。在国网福建电力及所属各单位成立管理创新工作领导小组、评审委员会，明确归口管理部门以及各专业部门的协同职责，共同推动管理创新工作高质量开展。

二是健全制度标准。制定《管理创新工作实施细则》，明确各部门、各级单位职责分工、项目管理全过程的步骤和要求，明确成果表彰数量及奖励金额，为管理创新工作有序开展提供依据。

三是健全激励机制。在单位层面，设计"管理创新贡献指标"或重点工作任务加分项，纳入基层单位业绩考核，对各单位管理创新工作实施情况和工作成效进行量化评价。在个人层面，对于获奖成果创作人，在评优评先、人才选拔、岗位晋升等方面给予加分，激发广大员工的创新活力。对于优秀的管理创新项目导师或评审专家，将逐级推荐至省级、行业级等更高平台担任专家，提高专家的知名度，激发专家的积极性。

（二）构建管理创新项目管控平台，提供信息系统保障

基于管理创新项目管控需要，建设管理创新项目全过程管控平台，涵盖项目储备、项目计划、项目实施、成果申报、成果评估五个阶段业务流程，提供项目状态识别、统计分析、成果库等功能，实现项目全过程线上管控，提高项目管理效率。

从项目储备阶段起，利用信息系统平台建立起一个完善的项目储备库，包

括收集、整理和管理各类项目信息的功能。同时,通过应用管理创新项目全过程管控平台,能够统筹协调管理创新项目各个环节,通过信息系统平台提交申报材料、安排评审会议,并及时获取评审结果和反馈意见,简化申报和评审流程,提高申报和评审效率,从而更好地指导项目的后续发展和改进。以此跟踪管理创新项目的进展、人员参与、资源分配等关键要素,及时有针对性地对项目提供指导与咨询,确保项目按时、高质量地完成。针对评审环节,可内置回避原则,对分配的项目进行评审,提供标准化的评分模式,提升评审工作的透明度和准确性,从而实现项目从储备、计划、实施到成果申报、评审、表彰的全方位管控。

建立线上成果库,收录历年公司内外部管理创新获奖成果,每年定期对成果库进行动态更新和维护,保证其中的内容始终保持最新、最有效,形成一个迭代更新的完整知识库。通过管理成果知识库应用,提供关键字、分专业、分赛道筛选,便于员工在研究学习优秀成果时,启发创新思维,促进新的管理创新项目的产生和实施。同时,契合于各单位实际的成果,作为基础,开展管理创新推广,推动优秀成果的再创新、再应用。

(三)构建管理创新专家培养机制,提供创新人才保障

一是组建专家团队。公司企管部和各单位管理创新工作归口管理部门负责本单位评审专家库的选聘工作,对专家的入库、使用、评价进行管理。遵循"逐级申报、择优推荐、动态调整",选聘有管理创新经验、熟悉企业管理知识和管理工具应用的人员,组建管理创新专家团队。

二是加强管理创新专家培养。为培育选树优秀管理创新专家人才,建立省、市、县三级管理创新专家后备人才梯队。坚持"外部引进+内部培训+重点辅导"相结合,扩展培训人员覆盖范围,加大管理创新经验传播力度。外部引进方面,邀请中企联举办公司专场管理创新培训班,与行业专家交流的平台,普及更新管理创新最新知识,促进管理创新理念的深入传播与交流。内部培训方面,编发管理创新成果主报告撰写指南,以此推动公司内部管理创新成果的共享和传

播。同时，推动公司管理创新培训课件、微课上国网学堂，使员工可以随时随地学习管理创新知识，不断提升自身素质和能力。分产业单位、县公司、班组赛道举办培训，在各级单位普及管理创新基础知识，覆盖各个领域和行业，确保每一位专家都能够受益并将所学知识运用到实际工作中。重点辅导方面，针对申报国家电网公司级及以上成果，邀请内外部专家进行一对一重点辅导，提升成果辅导力度、频度和广度，从而提升成果的质量和影响力。

三是发挥专家引领带动作用。以"传帮带"为抓手，以管理创新项目为平台，强化公司对现有管理创新人才的内部培养，将培养与使用结合，将公司的培养与各单位的培养有效衔接起来，达到逐层储备、统筹应用的效果。依据在管理创新项目中所承担工作任务的差异，将管理创新专家划分为两大类：管理创新项目导师、管理创新评审专家。组织管理创新专家参与方向研究、项目辅导、评审任务、成果后评估等，充分发挥专家引领的作用。管理创新项目导师以提供管理创新全过程辅导为主要职责，在管理创新项目选题、计划申报、实施方案编制、主题报告撰写优化、项目验收、成果提报及项目过程管控等环节及时给予指导反馈，提供有效支持。管理创新评审专家以承担不同阶段成果评审为主要职责，在计划审定、形式审查、专业审查、专家审查中提出评审意见。安排专家参与重点培育项目，引领带动项目团队开展管理创新实践，有效提升项目实施和成果质量。

（四）构建管理创新成果沉淀机制，提供知识共享保障

一是丰富管理创新成果库。收集历年国家级、行业级、国家电网公司级以及公司内部各赛道管理创新成果，依托管理创新成果全过程管控系统，按专业、类型、年度等标签进行分类，方便项目团队进行多维度以及关键字查询检索，精准定位学习先进管理成果。遴选获高等级奖项管理创新成果进行汇编，综合运用出版物或内部优秀成果集的方式，对创新经验及成果进行推广。

二是搭建成果发布会平台。在企业内部细分的各管理创新赛道中，逐级搭建班组、县公司、产业单位和公司级管理创新成果发布平台，各项目团队在此

展示分享优秀成果，并开创"行者悟道"管理创新交流沙龙，推动管理实践经验和成功要素的学习交流，促进管理知识的传递与共享。

三是加强成果宣传交流。应用企业网站、新媒体等，专题报道优秀管理创新成果的核心内容和创新亮点，讲述项目团队通过创新举措解决管理问题的历程，大力营造全员创新氛围，激发共鸣和认同感，促使更多员工积极参与和支持管理创新工作，推动形成管理创新文化。利用《企业管理》《中国电力企业管理》等杂志及主办的创新论坛，积极向外界展示国网福建电力优秀管理创新成果和实践经验，提升在行业内的知名度和声誉。

第四章　管理创新项目管理

国网福建电力在总结有关管理工作实践和经验的基础上,借鉴全生命周期理论,提出管理创新项目全生命周期制管理工作思路,包括管理创新项目储备、项目计划、项目实施、成果评审和成果推广等五个阶段,以公司管理创新全过程管控平台为支撑,形成项目线上管理闭环,全面提升管理创新工作质效。

一、项目储备管理

管理创新项目储备管理是企业和组织保持竞争力和适应变化的关键策略,通过不断探索和积累新的创新创意,为开展管理实践提供源源不断的动力和可能性。通过管理创新项目的储备,能够在面对行业发展变革及市场需求时,迅速响应并推出创新的解决方案,并为未来的创新项目做好充分准备,从而推动企业持续增长和核心竞争力提升。

项目储备库的建立是管理创新项目管理的首要环节,旨在系统化、标准化地收集和筛选潜在的管理创新项目,并持续更新、优化和调整,以确保公司在合适的时机有充足的项目资源进行选择和实施。主要分为以下几个步骤。

项目储备申报。项目储备来源广泛,主要围绕企业战略落地、年度重点工作及专业管理需求等方面,以项目的可行性、创新性、实效性作为落脚点,提出课题并开展储备项目申报。

筛选和评估机制。组织对申报的储备项目的实施范围、重复性、必要性,以及项目的创新性、可行性等进行专业审查，确定哪些项目适合纳入储备库。

储备库分级建立。设立公司级、基层单位级两级管理创新项目储备库，对项目储备培育进行分级管理。项目储备库实行动态管理，经本级管理创新归口部门审核后纳入储备库，每年可根据需要组织多批次审核入库，保证储备库项目滚动更新。

储备项目进度跟踪。通过管理创新全过程管控平台，对项目储备实施情况进行跟踪，及时发现问题并进行调整，提高项目储备实施的有效性。

储备项目转出。项目储备实施满三个月以上并经专业部门审核后可申报计划项目，列入计划后的项目从储备库中转出。项目储备满两年未进入计划库将自动从储备库中转出，以保持储备库建设的持续深化及有效性。

二、项目计划管理

管理创新项目计划管理是将项目储备库中的优质项目转化为计划项目的实施的步骤。通过对所有项目的系统性管理，可以确保每个项目都与战略落地目标保持一致，避免重复创新，并合理管控项目的优先级和资源配置。

计划项目申报。每年初统一组织计划项目申报，按照国家、电力行业、国家电网公司、公司四个层级进行，公司内部按照示范、推广、县公司赛道、产业单位赛道、班组赛道项目进行申报。储备项目满足储备实施三个月以上的条件，可申报对应赛道项目。

计划项目下达。项目申报后，围绕项目的科学性、创新性和实效性进行评审筛选，同时对项目进行查重，项目内容与历年项目重合的不列入计划，主题和内容近似但申报单位不同的项目转为联合创新项目，经评审通过后列入公司本年度管理创新计划项目下达。对外申报推荐的项目，按照主办单位计划下达执行。

三、项目实施管理

管理创新项目实施管理是项目管理实践的主要阶段，包括项目开题和项目实施推进。通过引入科学管理工具，运用卓越目标、卓越评估、卓越计划、卓越执行、卓越提升"卓越管理提升五步法"，全面提升项目实施质效。

（一）项目开题

管理创新项目在列入计划后应进行开题，项目开题由项目承担部门、单位直接组织或委托专业机构组织，审查组成员不少于 5 人，应包含一名公司管理创新专家。项目开题应在计划下达后 30 个工作日内完成，开题报告和评审意见应在开题完成后 10 个工作日录入信息系统。

通过召开开题会议，制定细化项目的实施方案，运用 WBS 工作分解法将项目的总体目标分解为可操作的任务，并明确各项任务的负责人和完成期限，确保团队对项目的整体方向达成共识。在会后，形成开题报告和评审意见，为后续项目实施方案的编写和项目的实施提供重要依据和指导。

（二）项目实施推进

以问题和目标为导向，将标杆管理"对标-达标-创标"和卓越绩效"方法-展开-学习-整合"等方法引入管理创新项目策划、实施推进及结果验证全过程。以"卓越目标、卓越评估、卓越计划、卓越执行、卓越提升"（卓越管理提升五步法）为脉络，重构管理创新项目实施模式，为管理创新项目提供科学的实施路径，在操作层面落地实施。具体五个步骤如下：

卓越目标对应项目实施背景部分，是管理创新的"指南针"，通过遴选对标对象，分析比对优势与差距，将对标分析结果作为参考依据，系统把控创新整体方向的先进性和科学性。

卓越评价对应问题诊断与改进预期部分，是业务管理的"听诊器"，依据创新目标并对照《卓越绩效评价准则》，通过卓越绩效过程四要素（A-D-L-I）评价，识别管理改进机会，应用管理工具，逐项分析查找造成差距的原因。ADLI维度重点考虑以下几个问题：

（1）管理依据的规章制度是否完善，符合当前的管理需要；是否有系统或可靠的数据信息来支撑管理过程，并保证系统、可重复性地执行？

（2）管理要求的执行落实是否到位，覆盖是否全面？

（3）管理过程是否有考核评价和改进，并且是否有创新？

（4）管理要求是否支持公司战略落地的实现？

卓越计划对应改进计划部分，是推动目标实现的"计划表"，根据项目管理原理，围绕时间、质量、成本、对象、方法、流程等，确定优先改进问题，设计改进措施，明确责任主体，形成科学改进计划。

卓越执行对应创新方法及保障措施部分，是行动计划的"推动器"，明确落实改进计划需要的人、财、物方面的保障措施，采用图表工具（甘特图等），对改进创新过程进行进度管理。

卓越提升对应项目成效部分，是管理实践落地的"压舱石"，根据对标实施情况、创新措施实施内容与方法、创新前后对比变化、创新效果评估情况，着力推动改进创新。根据项目推进情况，以双月为时间节点，定期反馈改进成效，每项改进创新应包含以下内容：

1. 对标实施情况

对标计划组织实施情况，针对项目涉及的指标和管理实践进行比对分析，明确优势与差距（需获取对标单位至少1年的指标数据；如无可量化指标，只进行管理实践比对）。

2. 改进措施实施内容与方法

对应改进预期目标与改进计划进行概述。

3. 改进前后对比变化

改进前描述：说明改进前的管理状态和相关指标情况。

改进后描述：说明改进后的管理状态和相关指标情况。

主要变化：说明解决了哪些管理问题，补齐了哪些管理薄弱环节，有哪些指标有所变化及变化的趋势。

4. 改进方法与效果评估

通过改进方法和措施实施的成果和成效，对改进方法科学性、可复制性和可推广性进行评价。采用"过程"的"方法-展开-学习-整合"对措施实施过程进行评价，针对改进效果相关的指标从"水平-趋势-对比-整合"进行评价，以验证方法和措施的实施效果。

四、成果总结提炼

管理创新成果总结提炼是项目管理实践的总结阶段，包括组织成果主报告撰写、成果验收及申报推荐。通过全面系统总结管理实践做法，根据项目的目标实现和取得的成效，从管理提升、指标提升、经济效益等多方面的评估维度进行验收。对经过一年及以上实践应用且创造出效益的成果进行申报。

（一）成果总结提炼

管理创新成果主报告是管理创新实践与管理科学理论、方法的有机结合，是对管理实践经验的全面总结，形成的文字载体。成果主报告包括题目、摘要、企业简介、背景、主要做法、成效等六个部分，其中主要做法是主报告的核心内容，通过搭建管理框架，围绕总体思路详细描述各项举措，突出项目在管理方面的独特性和创新性。

管理创新成果主报告撰写按照以下步骤进行。

第一，收资料。围绕项目主题收集素材对项目背景和目的意义进行研究；通过与标杆单位做法对比，明确自身优势和不足，优势之处就是工作亮点，突出项目中的管理特色；收集项目相关的工作方案和实践案例，以及取得的成效数据。

第二，定框架。整理分析收资的材料，明确管理的总体思路及时间路径，搭建管理框架，根据各项具体措施，拟定主报告大纲，绘制管理框架结构图。

第三，成初稿。在开始起草主报告时，先根据制定的大纲，逐步撰写每个部分的内容，这时会出现缺少素材的情况，需要进一步收集内外部资料，编写形成成果主报告初稿。

第四，定终稿。完成初稿后，进行审阅和修改，查漏补缺，确保语言表达的准确性、逻辑的一致性、主题的连贯性、内容的完整性，做到有流程、有模型、有数据、有案例"四有"。同时对报告进行格式编辑和排版，统一字体、字号、行距等，确保整体美观，完成管理创新成果主报告撰写。

（二）成果验收

管理创新成果由项目承担部门、单位组织召开验收会议验收，成果创造人不得参加项目验收工作。项目验收材料须涵盖项目开展情况、主要创新实践成果简介及转化落地情况、未转化研究成果拟采取的措施和意见、验收组成员名单、验收组意见及单位意见等。根据项目的目标实现和取得的成效情况，从管理提升、指标提升、经济效益等多维度的评估进行验收。

（三）成果申报推荐

1. 管理创新成果申报推荐

按照"遵循计划、逐级申报"的原则，列入公司年度管理创新计划的项目在经过一年及以上实践应用，并创造出管理、经济、社会效益后，可于每年9月进行管理创新成果申报。仅在管理体系构建和模型研究阶段的项目，不得进行申报。项目通过管理创新项目全过程管控平台进行申报。

2. 管理创新成果申报材料

申报材料包括成果主报告、成果推荐报告书以及项目验收意见。推荐报告书主要包括项目组成人员名单、项目简介、单位基本情况等信息，申报成果的经济效益数据，应经本单位财务部门审核确认，属于提高效率的，应科学测定，填写提高效率的数据，并简要说明计算、测定的依据和方法，不得与非管理创新取得的效益、效率重复计算。对同时申报多个项目成果评审的部门和单位还应提供推荐排序表，按照优先等级次序从高到低进行排序。

3. 管理创新成果对外推荐申报

公司统一组织管理创新成果对外申报推荐工作。管理创新成果分为国家级（全国企业管理现代化创新成果）、行业级（中国电力创新奖）、国家电网公司级和省级（全省企业管理现代化创新成果，福建省还未设立）。对于中企联组织的全国企业管理现代化创新成果，由公司统一组织通过福建省企业与企业家联合会申报推荐。中国电力创新奖管理成果，由公司统一组织通过国家电网公司申报推荐；对于福建省企业管理现代化创新成果，由公司统一组织向省企联申报推荐。领导干部参评外部表彰应符合公司相关要求，满足奖项评审的基本条件，并履行审批程序。

五、成果推广应用

管理创新成果推广应用是将经验证行之有效的外部管理创新成果在组织内部进行应用，或是将企业内部的管理创新成果在更大范围或外部进行广泛传播和应用，最大化其价值。通过应用"问、想、仿、改、善"五字要诀，将管理创新成果系统有效地推广应用，从而提高企业整体运营效率和核心竞争力。并通过示范效应激励其他部门或单位积极参与管理创新，形成全公司的创新文化和动力，推动公司整体创新能力提升。

坚持"示范与推广并重"原则，按照"同计划、同实施、同评审"原则，在每年初征集管理创新计划项目时，同时开展上年度管理创新成果的推广项目征集。每年定期征集管理创新成果时，同时开展推广成果征集，并同步开展成果评审工作，评选出优秀推广应用项目。

在推广项目实施中，由引入先进管理成果的单位作为主体，即应用对象，原成果创造单位作为推广对象，指导帮助其制定有针对性的推广方案，明确详细的推广计划安排及资源分配，根据项目的特点和预期效果，制定具体的推广目标，以便后续评估推广效果。应用"问、想、仿、改、善"五字要诀，建立沟通反馈机制，实时跟踪推广应用工作的进展和效果。根据实际情况，随时调整优化推广措施，确保推广目标能够顺利达成，提升成果推广应用质效。

第五章 管理创新成果主报告撰写及申报实务

管理创新成果主报告撰写实务以体例构成、撰写要求为主线,详细介绍如何撰写一份完整、准确的高质量管理创新成果主报告。结合实际案例,展示选题、实施背景、主要做法及实施成效的撰写要求及注意事项,以确保报告能够清晰传达管理创新的成果和效益。

一、主报告撰写通用要求

(一)报告体例

主报告编写要遵循一定的格式。报告体例包含以下几个要素:题目、摘要、简介、背景、主要做法及效果,如图5-1所示。

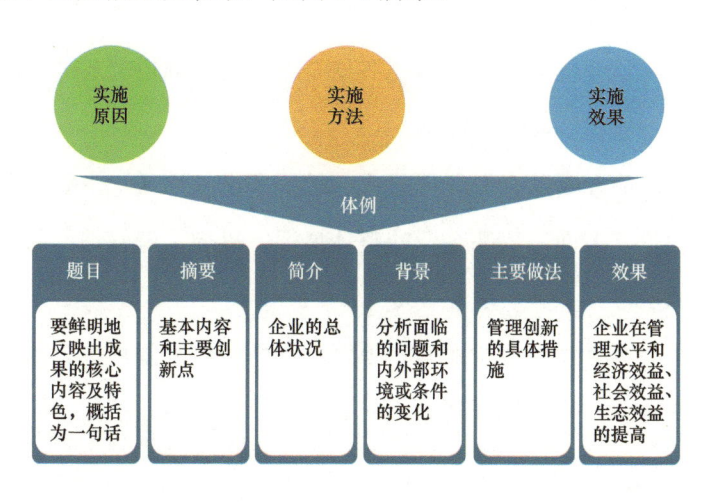

题目	摘要	简介	背景	主要做法	效果
要鲜明地反映出成果的核心内容及特色,概括为一句话	基本内容和主要创新点	企业的总体状况	分析面临的问题和内外部环境或条件的变化	管理创新的具体措施	企业在管理水平和经济效益、社会效益、生态效益的提高

实施原因 → 实施方法 → 实施效果 → 体例

图 5-1 报告体例

（二）文字要求

1. 总体要求

主报告应控制在 0.8 万～1.2 万字，并附有目录。报告中未能详述的内容，可以附件的形式加以补充。主报告以第三人称阐述，一般采用企业简称，不要以"我们""我局""公司"简称。主报告层次不宜太多，尽量不要超过一、（一）、1 三级。

主报告在是企业管理创新实践与管理科学理论、方法的有机结合，是企业创新应用管理理论与工具的实践总结，表述方式上需客观、真实反映经实践检验、可复制借鉴的管理经验。

主报告的文字要科学、准确、清楚、朴素，符合公开出版物要求，对过于专业的技术或专门术语要做出解释。如必要，可辅以简洁的图表、案例加以说明。举例说明时，每项举措最好只选取一个例子。

2. 分模块要求

（1）题目。题目是对成果主体、核心内容、特色等的高度概括。字数一般在 20 字以内。题目中不宜出现申报单位名称、成果创造人姓名及成果内容的字母缩写等，也不要以"××模式""××法""××研究""××探索""××创新""××实践"等命名。

（2）摘要。摘要部分要简明扼要概括全文内容，突出项目的创新亮点及实施效果。字数一般在 300～500 字。

（3）简介。简介是从企业所属行业、地区和产权性质、主要业务、规模、效益及行业地位等方面，反映企业的整体情况，以便了解管理创新的背景和对创新项目的适应性。字数一般在 300～500 字。

（4）背景。背景主要阐明实施本项管理创新的内外部环境、需要解决的核心问题，说明企业开展本项管理创新的必要性、迫切性。字数一般占主报告的 10%。

（5）主要做法。主要做法是报告的核心内容，要搭好框架，抓好主线，详细描述项目在管理方面的独特性和创新性。一般分 5-8 条展开，即针对背景部分分析存在的管理问题，阐述解决问题的总体思路、策划部署、实施路径、工具方法、保障措施等。其中，做法的整体框架要符合基本的管理学逻辑，措施要具体实操，为实施本项管理创新而提供的人、财、物等支撑保障等内容适当压缩。字数一般占主报告的 70%。

（6）效果。效果要呼应背景中所分析的问题，要从管理效益、经济效益、社会效益和生态效益等方面描述通过实施本项管理创新企业发生了哪些变化，取得了哪些成效。字数一般占主报告的 10%。

（三）主报告特征

高质量的管理创新主报告要能够紧密配合政策要求和企业发展需求，紧跟管理改革趋势，提供创新且可行的解决方案和决策支持。报告的内容结构清晰明了，案例实证和创新措施的论述具备充分的可信度和推广价值。

1. 主题符合企业发展及管理改革趋势

报告的主题与相关政策要求保持一致，与企业的战略方向及重点目标相一致，通过深入分析企业的痛点和挑战，提供创新的管理策略和解决方案，以促进企业的可持续发展和竞争优势，为企业的战略目标和长远规划提供支持。同时密切关注最新的管理思想、理论和实践，结合行业变化、市场变化等，提出符合时代背景和发展趋势的管理创新方案，为企业深刻理解未来面临的管理挑战和机遇提供支撑。

2. 内容结构清晰严谨、主次分明、案例翔实

报告的内容结构应具备清晰性和严谨性，各个部分之间应有逻辑连接。采用合适的章节划分和段落组织方式，确保主题层次分明，便于读者理解。通过详细的案例分析，提供丰富的实证支持，使报告更具可信度和说服力。主报告结构规范，符合要求，能够完整地展现项目的总体思路、实施路径，回答"为什么、做什么、怎么做、怎么样"。主报告撰写体例、内容表述，既不同于一般的工作总结、经验介绍、新闻报道，也不同于学术论文，要围绕主题，突出创

新举措，逻辑合理。主报告层次不宜太多，尽量不要超过三级。文字表述要客观、准确、朴实，符合公开出版物要求，对过于专业的技术或专门术语要做出解释。如必要，可辅以简洁的图表、案例加以说明。举例说明时，每项举措最好只选取一个例子。

3. 实施措施具有创新性、可操作性强、有推广价值

提出的创新措施应当具备创新性和前瞻性，能够解决实际问题。这些措施应具备可操作性，即能够被实施和执行，为企业带来实际效益。同时，这些创新措施还应具备推广价值，能够在其他类似情境下推广应用，为更多企业带来启示和借鉴。

（四）主报告撰写步骤

管理创新成果主报告撰写，通常经历以下四个阶段：

1. 准备阶段

准备阶段的主要任务是收集素材、选定主题。收集的素材包括相关政策、文献资料、实践案例、调研数据、统计报告等。根据资料分析结果，确定主题方向，明确报告要解决的问题，初步搭建报告框架，确保报告的逻辑连贯性和一致性。

2. 构思阶段

构思阶段的主要任务是编制大纲、补充收资。认真分析已经收集到的资料，围绕需求解决的问题，梳理管理创新实践步骤，形成报告大纲，明确每个步骤的主要内容和要点。并依据大纲及收资情况，梳理下一步的重点收资方向，确保报告的完整性和流畅性。

3. 起草阶段

根据构思阶段制定的大纲，逐步撰写每个部分的内容。确保每个段落都有明确的主题句，使用适当的段落过渡来保持文章的连贯性。使用简明扼要的语言表达观点，并尽量避免使用行业术语和复杂的词汇。确保写作风格易于理解和阅读。

4. 修订阶段

完成初稿后，进行审阅和修改，查漏补缺，确保语言表达的准确性、逻辑的一致性、主题的连贯性、内容的完整性。根据需要，进行进一步的修改和调整，直到报告达到预期的质量水平。同时对报告进行格式编辑和排版，统一字体、字号、行距等要求，确保整体的美观和专业性。

每个阶段对于撰写高质量管理创新主报告都是至关重要的。通过认真准备、系统构思、精心起草和仔细修订，可以确保报告在逻辑、内容和措辞上都具备专业性和严谨性。

二、主报告撰写实务

（一）选题

党的十八大以来，在习近平新时代中国特色社会主义思想指引下，我国企业主动适应经济发展新常态，以提高发展质量效益为中心，全方位推进企业管理创新实践，取得了显著成效。党的二十大开启了以中国式现代化全面推进中华民族伟大复兴的新征程。国家电网有限公司在新时代、新征程、新使命的指引下，为破解发展难题，增强发展后劲，实现可持续健康发展，有效服务落实国家战略，科学引领企业战略，亟待汇聚行业优势、集中各方智慧、凝聚广泛力量丰富和发展理论体系，持续开展前瞻性、储备性的管理创新活动。

选题是管理创新项目的第一步。人们常说"秧好一半谷，题好一半文"。好的选题策划是管理创新项目成功的先导。一个主题突出、概念清晰、意义凸显的选题，能够让人眼前一亮，为管理创新成果添彩增色。

1. 明确选题意识

选题的策划，是实施管理创新项目的第一步，决定了创新成果的价值与效用。爱因斯坦曾言"提出一个问题，往往比解决一个问题更重要"。因为解决一个问题也许仅是一个数学上或实验上的技能而已，而提出新的问题、新的可能性，从新的角度去看旧的问题，却需要有创新性的想象力，而且标志着科学的真正进步。因此，提出新颖的选题成为管理创新项目成功与否的关键。

（1）问题意识。问题是时代的声音，有价值的管理创新往往在直面问题中诞生。面对纷繁复杂的企业改革发展与经营管理，谁能觉察问题、提出问题并解决问题，谁就站在了管理创新的前沿。

问题意识是管理创新项目的灵魂，提出问题或者重新定义问题是最重要的创造性活动。没有问题就没有研究，没有真问题就没有真研究，选题的关键在于发现有价值的问题。优秀的研究成果必然体现出鲜明的问题意识，没有问题意识或淡化问题意识，必将难以产出高质量的研究成果。研究人员要想在管理创新中有所作为，就必须拥有一双善于发现问题的眼睛，既要站在理论前沿、紧盯"时代之问"，更要贴近企业、深入实践，从中发现问题、总结问题、升华问题，促进理论研究与管理实践有机结合。凡是对特定问题回应得越深刻、越迅速，其创新性就越强、学术价值就越高。

（2）对话意识。管理创新体现了学术对话的本质，属于不同的人站在不同的立场、运用不同的理论对想要研究的问题进行自由的对话。包括："与前人对话"即与已有的研究成果进行对话，表现出对学术思想的认同与批判；"与现实对话"意味着将问题情境置于现实背景之中，强调他人对当前问题的看法、理解、质疑与批判；"与自我对话"则着重强调研究人员对自身的认知与理解。

（3）创新意识。创新是引领企业发展的第一动力，包括产品创新、技术创新、文化创新和管理创新，其中的关键是管理创新，核心是创新意识。要求研究人员能够善于独立思考，把握项目的"创新点"，拥有旺盛的求知欲、强烈的好奇心与敏锐的洞察力，以突破性创新应对颠覆性变化带来的挑战。表现为："理论创新"即在传统理论基础上的提高与发展，独创或借鉴先进管理理论、方法和经验，提出新观点、构建新体系；"应用创新"即将已有的理论、方法、原理应用于新的管理实践，揭示新规律、探索新策略；"方法创新"即使用新的研究方法研究问题，实现向创新要资源、向创新要品牌、向创新要市场、向创新要效率。

2. 遵循选题原则

俗话说"万事开头难",选题的过程从来就不可能一蹴而就。英国物理学家、科学学的创立者贝尔纳曾经指出"课题的形成和选择,无论是作为外部的经济技术要求,亦或作为科学本身的要求,都是研究工作中最复杂的一个阶段。一般来说,提出问题比解决问题更困难。"管理创新注重从创新性、实践性中总结鲜活的经验,是对企业管理实践中亟待解决重大问题的尝试与探索,对促进企业改革发展、提升经营管理水平有较高的应用价值与指导意义。

(1)价值原则。管理创新项目的选题应当坚持正确的政治导向,围绕中心、服务大局,与国家经济建设和社会发展的需求相一致,能够对企业改革发展与经营管理实践产生重大影响,具有科学价值与社会价值、实践意义与学术意义。选题只有为企业所必需、对企业有贡献,其研究价值才能得到实现与回归。凡是在短期内亟待解决、能够产生重大经济效益与应用价值的问题应当作为首选课题。

(2)可行原则。选题如果失误了,必将"失之以毫厘、谬之以千里"。选题时要充分发挥研究人员自身的比较优势,扬长避短,充分顾及个人与团队的知识储备、专业特长、学术积累、工作经历、技术手段与研究经验,实事求是、量力而行地进行选题,确保在有限时间内实现既定目标。切忌好高骛远、贪大求全,勉强去做一个自己毫无基础、无力胜任又不感兴趣的课题,否则投入再多的人力、物力,最终成功的希望也很渺茫。

(3)发展原则。研究人员在选题时要紧跟时代的步伐,具有战略眼光与前沿视野,加强对推动企业高质量发展相关理论体系与决策部署的学习、思考与研究。注意选择有一定典型意义、有发展潜力和广阔前景的课题,在思想、理念与战略等方面对选题进行不断地完善、修订与调整,以严谨的实证研究为基础,通过提供独特的见解和实证证据支撑研究成果。

3. 探寻选题来源

管理创新项目选题的确定,是一个探索性极强的过程,凝聚着研究人员的学术视野、学术悟性与学术境界。如果没有想象力和创造力,没有兼容并蓄与博采众长，没有清晰刻画、深度挖掘、反复提炼与深思熟虑，是不可能获得富有创新潜力的选题。

（1）从方针政策中选题。选题时必须跟踪国内外形势发展，紧扣国家重大方针政策，多渠道关注时政舆情与社情民意。党和国家领导人的重要讲话、党中央、国务院发布的重要文件、相关部委办局发布的重要政策与公开数据、权威机构发布的各类报告、各层级"十四五"规划与发展战略、"三年行动计划"与企业年初两会是管理创新项目选题的重要来源。

（2）从调查研究中选题。管理创新项目的选题源于研究人员对各业务领域现状的细心观察与深入了解，必须开阔眼界、提高见识，及时关注国内外学术前沿、产业动态与科技创新，紧扣企业重大事件、重要活动与重点工作，聚焦实际工作中的痛点难点与问题线索，善于挖掘并总结提炼工作中的典型案例，形成可借鉴、可复制、可推广的有效路径与成功经验。

（3）从文献调查中选题。文献调查是确定选题的前提与基础，管理创新项目从选题确定到研究实施，都离不开资料的有效积累。研究人员要持续关注管理实践研究的前沿动向，围绕研究对象全面占有资料。通过多种渠道、采用多种方法，检索近年该业务领域学术界公认的高质量研究成果、高层次期刊、优秀硕士博士论文数据库、重要会议文献以及相关书籍、报刊、网络资源与音像制品，从中筛选所需的核心材料，进行全面系统地阅读、整理、分析与提炼。这是一个既走入学术纵深，又走向实践前沿的过程，还是一个总结前人学术贡献，攀登"巨人肩膀"，启发思想与触发灵感的过程。

（4）从已有研究中选题。质疑意识与批判思维是一切创新活动的源起，许多重大创新就是建立在对权威的挑战与思想的碰撞基础上。由于历史的局限性与研究的阶段性，前人的研究成果难免会存在某种偏颇或疑点。即使对名家、权威的意见与主张，研究人员也要敢于大胆质疑、小心求证，进行理性的判断与建设性思考，从中获取选题的突破。

（5）从学科融合中选题。不同学科之间的边缘问题、交叉问题从来都是创新理论的重要生长点。随着现代科学的发展，打破了传统自然科学与人文科学的界限，呈现出相互渗透、相互融合的趋势，许多新兴学科、交叉学科由此产生。在这些边缘地带，往往存在大量的新课题可供选择。鼓励研究人员开展跨学科的交流融通与协同研究，利用其他学科的研究方法与技术手段来解决本课题的重点难点。

（6）从媒体热点中选题。已经发生的社会影响重大、舆情严重关切、有一定的波及范围和代表性意义的事件，构成"社会热点"，常常会引发研究人员的深度思考。"学习强国""强国号"与高质量微信"公众号""视频号"、博客微博、抖音B站、论坛Q群等新媒体、自媒体网络平台，提供了大量学术观点；学术交流中相关研究机构专家学者的研讨话题以及报纸、电视、广播等传统媒体对经济形势、国企改革、政策指引、社会热点的报道、评论与分析潜藏着思想的碰撞、精彩的观点与管理的智慧，能够在第一时间提供全新的视角。

（7）从课题指南中选题。课题指南反映了需求单位对未来战略部署与发展方向的期待，提供了行业和专业领域重点关注的热门话题，提出的研究范围、主要方向与研究重点可以作为选题的主要依据、基本框架和参照体系，是管理创新项目的"风向标""指南针"和"坐标系"。

4. 符合选题要求

通过对历年管理创新活动的回溯，选题不当的现象很常见，比如：选题过宽过大，研究对象不够恰当，表述不够严谨，缺少"落脚点"，容易出现资料泛滥的情况，让人难以选择、无力承担；选题缺少理论依据，不会把"问题"变成"课题"，研究思路不清、指向不明，让人茫然无措、无从下手。

（1）范围可把控。选题要遵循市场经济规律、行业发展规律与企业成长规律，避免漫无边际、天马行空；大而无当、浮泛不实。提倡小处着手、大处着眼，选题的切入点要小，因为无论从多小的问题出发，都可以发现学术发展的动向、把握住时代命题的核心、洞察到研究领域的趋势；研究视野要大，从小问题讲出大道理。

（2）论题能操作。实践是选题的重要源泉，只有遵循"实践——认识——再实践"的辩证唯物主义认识论，从改革发展与经营管理实践中选取课题，经过充分的分析、研究与论证，升华为理论之后，回到第一线去指导再实践，才能确保选题的可操作性。

（3）策划有新意。创新是企业发展的源动力。选题策划时，要充分体现最新的研究成果，有创见、有特色、有新意。既有"颜值"，即具有鲜明的时代特征；又有"气质"，即能够体现出课题研究的创新点。管理创新在理论研究中表现为新设想、新发现、新见解，提出新问题；在应用研究中表现为新技术、新工艺、新产品，解决新问题。

5. 落实选题方向

紧扣国家电网公司"一体四翼"高质量发展，围绕国网福建电力"2426"发展思路，聚焦国家电网公司管理创新申报重点方向及国网福建电力管理发展十大方向，在推动年度重点工作中积极引入先进管理理念和工具方法，运用现代管理思想及理论，借鉴国内外先进管理经验，充分发挥管理创新基础性、系统性、牵引性、推动性作用，从实际出发，在管理理念、组织与制度、管理方式、管理方法和手段等方面进行探索，在安全、质量、效率、效益与服务等方面，全面推动能源变革发展，加快企业转型升级，助力公司高质量发展。

> **专栏 1：国家电网公司 2024 年管理创新申报重点方向**
>
> 一、安全保供
>
> 强化大电网安全稳定。深化电网运行风险管控，完善新型电力系统调度体系，构建适应"双高"电力系统特征的新型安全防御体系。全面强化安全管理。强化规章制度刚性执行，深化双重预防机制，推动安全文化引领。强化电网运行风险管控。加强风险管控，强化调度、建设、运行通力协作，杜绝电网风险失控。加强电力监控网络安全防护，确保生产控制大区绝对安全。完善新型电力系统调度体系。深化电力平衡精益管理系统应用，优化调度交易组织，最大限度保障电力电量平衡。加强配电网调度管理，做好方式安排、

电力平衡等统筹协调。全面增强防灾减灾能力。着力提升电网防灾水平，强化主动应急管理，健全应急救灾体系。完善隐患排查治理常态机制。建立健全安全责任体制机制，着力从源头上消除事故隐患。

二、绿色发展

抓好规划前期工作。落实国家"十四五"电力规划调整，开展"十五五"电网规划重大专题研究，协同推进前期工作。强化综合计划管理，加强投资全过程执行分析，推动省管产业计划同质化管理。高质量推进电网工程建设。扎实推动基建"六精四化"巩固精进，推进项目全过程高效管理。开展特高压工程、抽蓄建设作业督查，不断提升建设运维水平。推进特高压工程标准化应用，持续提高特高压通道利用效率。推动配电网高质量发展。推进配电网智慧管理，提升配电网全景感知和智慧决策水平，全力提升供电保障能力。优化供电模式，提升边远地区供电保障能力。推进设备精益化运维。建设现代设备管理体系，强化设备精益运维，提升设备质量管控能力，推动设备管理现代化。强化全过程技术监督和设备监造，推动风险分级管控和隐患排查治理规范化常态化。持续推进全业务核心班组建设，将产业单位纳入建设计划。深化物资供应管理。加快国网绿链建设攻坚，深入实施物资集中采购，持续强化物资支撑保障。提升分布式新能源消纳质量。建设适应分布式光伏群控群调，扩大新能源配储规模的消纳模式。深化碳管理体系建设。强化碳排放计量监测与管控，推动全供应链节能减排降碳。加强电网项目全过程生态环境保护。严格环保依法合规管理，加强建设项目环保水保管控，强化环境监测及治理。

三、经营管理

持续推进"四翼"高质量发展。壮大战略性新兴产业，优化资源要素配置。稳健拓展国际业务，持续提升境外资产运营绩效。做专做优支撑产业，着力提升专业能力。加强金融业务监管，守住不发生重大风险的底线。持续提升经营管理效能。聚焦主责主业，优化资金资本资源投向和布局，减少低效无效资本占用。发挥综合计划和预算引领作用，强化内部资源科学统筹，加大重点领域资源投入。深化提质增效。践行"一切成本皆可控"理念，推进全产业链、全价值链降本节支，深化多维精益管理，提升资产全域价值。深化合规与风险管理。完善运行机制，推动合规穿透管理。紧盯重点环节，推动合规管理穿透业务。落实纪法协同，完善违规追责机制。加强内控体系建设，提升风险预警监测与管控能力，筑牢守好风险防范堤坝。持续完善审计体制机制。构建全覆盖、全流程、全天候审计体系，规范细化审计与各类监督贯通协同，加快审计工作标准化、规范化、数字化建设。

四、优质服务

提升营销服务深度广度。深入推进卓越供电服务体系建设，优化报装接电流程，服务各类项目快速接电。深入实施农网巩固提升工程，积极服务新型城镇化和乡村全面振兴。做好负荷精益管理。充分挖掘各类可调节资源潜力，扩大需求响应规模，备足负荷管理措施，引导各类资源积极参与削峰填谷，扩大需求响应规模。提升供电服务质量。常态开展供电质量问题治理，大力推广不停电作业，强化故障主动研判，提升抢修复电效率。深化营商环境建设。持续深化营销服务，持续深化国际国内营商环境建设。推动优化充电峰谷分时电价，实施车网互动试点示范。强化营销稽查和反窃查违。强化电费回收，规范电价执行，杜绝"跑冒滴漏"。进一步完善绿色电力交易体系。建立绿色电力消费核算机制，完善跨省跨区电力供应协调机制，推动中长期市场连续运营、现货市场全面覆盖。

五、科技创新

提升链长履职能力。优化链长建设管理机制，加快形成战略兜底保障能力，持续加强融通发展能力。提升科技创新成果转化效率。加大产学研用协同合作力度，建立贯通式成果转化机制，加快规模化应用、市场化应用。优化项目后评价机制。完善科研体制机制。优化组织模式、创新布局，建立科技项目分类分策管控。建立科技创新容错机制，营造鼓励创新、包容失败、敢于担当的良好氛围。全面提高人才培养质量。优化技能人才培养方式，深入实施人才培养工程，支持高技能人才深度参与关键技术攻关和重大工程项目。推进数智化坚强电网建设。推进数智赋能赋效、电力算力融合，强化顶层设计布局，夯实数智化基础能力，深化人工智能应用，释放数智赋能价值，保障网络安全与系统运行。加大企业级、跨专业、跨层级、跨平台统筹力度，强化业数融合，为公司管理创新赋能。

六、基础管理

扎实推进国企改革和电力体制改革。深入实施国有企业改革深化提升行动，实施差异化考核。深入推进世界一流企业建设，开展价值创造、管理提升、品牌引领标杆示范创建活动。完善跨省跨区电力供应协调机制。推动省管产业发展提质增效。建立与省管产业业务特点、发展基础相适应的管理模式与业务布局。坚持质量第一、效益优先，聚焦全员劳动生产率、净资产收益率、经济增加值等指标，抓好提质增效。建设"三高两强"现代人力资源管理体系。深化"三三三制"落地，持续强化考核激励，持续深化三项制度改革，持续推进组织变革，持续抓好人才培养，持续优化人力资源配置。打造国际领先的企业战略管理体系。持续加强智库体系建设，着力提升智力支撑水平，持续深化战略管理体系。分层分类开展管理创新。加强管理创新体系建设，扎实推进职工技术创新和质量管理（QC）小组活动，强化成果推广应用。深化标准化建设。促进制度标准执行，加强信用风险防范，全面提升基层班组执行力和管理规范度。深入推进"旗帜领航"党建工程。不断增强党组织政治功能和组织功能，加强思想文化和品牌建设，强化正面宣传引导，赓续弘扬电力精神和电网铁军精神，切实以高质量党建引领保障高质量发展。强化后勤服务保障。健全后勤、医疗、社保、离退休等现代后勤服务保障体系，强化医疗、健康、年金管理和智慧后勤建设，用心用情为职工办实事、办好事。

专栏2：国网福建电力 2024 年度管理发展十大方向

一、探索推进治理型管控模式，打造具有福建电网特色的现代企业治理典范

建立现代企业制度是国有企业改革的重要方向，现代企业制度的核心是公司治理，公司治理的关键是建立健全公司治理结构和内部控制制度。紧密围绕"2426"发展思路和"一个引领、六条路径"工作主线，聚焦国有企业治理体系和治理能力现代化建设目标，以深入推进国企改革深化提升行动为契机，动态优化公司各级决策界面，完善"1+N"公司治理制度体系，尊重子企业的经营自主权，加大精准授权力度，强化差异化管控，着力提升各级企业决策效率，积极探索构建新型经营责任制，有效激发各级企业内生动力，增强核心功能，提升核心竞争力，开创企业全方位高质量发展新局面。

二、打响"三大三先"示范品牌，加快推进新型电力系统建设

把握国家新型能源体系建设要求，依托福建资源禀赋与区位优势，围绕"三大三先"建设思路，加快推进新型电力系统建设，积极推进内部专业管理协同、"源网荷储"协同、社会各界协同，落地评价体系和通用导则，输出新型电力系统建设"福建样板"。适应分布式新型源荷发展和高品质用电需要，加快打造高可靠、高聚合、高融合、高品质的高能级配电网平台。加强调度一体化管理，试点建设"主配协同、网格平衡、台区自治"的调度新

模式。深化电力需求侧管理，积极推动多元化市场主体参与电力市场。适应新能源产销一体化发展趋势，积极探索和推动完善体制机制。全面提升能源安全保障能力和电力资源配置能力，高标推进东南沿海新型能源体系建设。

三、坚持创新引领，不断激发高质量发展新动能

认真学习贯彻习近平总书记关于科技创新的重要论述，坚持创新驱动发展，充分发挥企业创新主体作用。围绕关键核心技术攻关和科技成果转化应用两端持续用力，深层次优化创新机制，高质量搭建创新平台，高水平建设科技人才队伍。聚焦新型高能级配电网、柔性直流输电、海上风电、高效储能等关键科研领域全面打造原创技术策源地，在新型电力系统原创性、引领性关键核心技术方面突出示范应用，突破技术瓶颈，提升公司新型电力系统省级示范区建设技术支撑水平。坚持原始创新、集成创新和开放创新一体化设计，协同科技创新、管理创新和群众创新，不断提升企业创新能力和水平，充分发挥各级劳模、工匠在创新创效中的示范引领作用，着力提升创新引领力、创新驱动力、创新源动力，以创新激发新质生产力、助力新型工业化建设。

四、纵深推进数字化转型，协同推进流程优化与组织变革

全面革新管理理念，聚焦客户导向、效率导向、问题导向，强化企业级统筹，积极探索推进现代流程型组织架构与管理体系建设。坚持数据驱动，把流程管理优化作为数字化转型的核心，强化关键业务流程再造，推动流程分层分级管理，实现业务流程规范化、高效化、透明化。坚持战略引领，持续推进业务与组织模式变革，实现战略与业务、业务与流程、流程与组织的有机衔接、协同高效。将数据作为高质量发展的新引擎，持续夯实基础数据底座，创新推进国家电网公司数字化转型"十大工程"，积极打造多维多态"电网一张图"，加快推动现代设备管理体系、卓越供电服务体系等建设，不断提升"数力+算力+智力"的集成创新能力，切实赋能基层、赋能一线，打

造数字生产力。

五、推进战略性财务管理，健全适应复杂多变内外部形势要求的经营管理体系

全面革新经营理念，主动适应输配电价改革监管要求和新型电力系统省级示范区建设需求，统筹公司短期效益提升和电网长远健康发展，强化财务管理战略性思维，持续健全完善公司经营管理体系。以提效率、降成本、促合规为核心，确保电网投资纳入输配电价回收"应计尽计"，支撑销售电量持续增长和供电质量持续改善，提升电网运行效率，实现监管规则与电网经营发展的双向趋同。主动适应财务数字化转型升级，高标推进多维精益管理全域变革。加快数智司库管理体系建设，系统谋划"智慧型、价值型、枢纽型"资金管理体系升级。科学开展主业产业同质化管理，推进融合发展。强化提能创效，精准支持资源投入服务保障，有效促进核心业务质量提升。完善参控股企业法人治理体系，尊重并强化子公司的法人地位和市场主体地位，增强企业自主经营意识，推动形成治理完备的现代化管理体系。

六、注重程序正义，积极构建基于良好制度执行为基础的全面质量管控体系

认真贯彻《质量强国建设纲要》工作部署，紧密结合电网企业实际，探索完善全面质量管控体系。注重程序正义，牢固树立"敬畏制度、尊重规则""按制度办事、按程序履职"的理念，强化规章制度的宣贯、学习、执行、监督，提高制度执行质量，以坚实的制度基础为公司高质量发展提供保障。积极开展质量强企行动，创新构建基建、产品、服务、经营等领域质量评价标准，积极推广应用质量管理最佳实践和典型场景，针对性开展质量评价，深入实施"质量+"项目化改进，推动各级单位实现质量管理持续提升，塑造电网企业高质量品牌，发扬光大"双满意"金字招牌。

七、坚持旗帜领航，全方位推动"四个提质登高"

全面贯彻新时代党的建设总要求和新时代党的组织路线，牢记习近平总书记亲自给予水口集团公司全体党员的重要勉励精神，认真落实国家电网公司、省公司组织工作会议工作部署，坚持党要管党、全面从严治党，系统谋划和推进实施组织体系、干部队伍、人才队伍、党员队伍"四个提质登高"，深入实施"旗帜领航·新时代红色堡垒"工程，做实"三型两化"党建工作体系，打造坚强干部队伍，深入实施人才强企战略、培育高素质职业化队伍，着力发挥党员先锋模范作用，不断增强党组织政治功能和组织功能，进一步提升组织工作的整体性、协同性、原则性、创造性，切实把组织优势转化为推动发展的强大合力，为开创公司高质量发展新局面提供坚强组织保障。

八、发挥产业链链长作用，努力争当产业链绿色低碳发展引领者

围绕建设现代化产业体系、构建新发展格局，加强电力技术、市场机制和商业模式创新发展，持续推动公司"一体四翼"产业高质量发展，更好发挥公司在电力产业链中的支撑引领和融通带动作用，全面提升产业链现代化水平。加强战略性新兴产业发展布局、发展路径研究，以电为中心延伸产业链、布局创新链，强化产融协同以融促产，推动公司新兴产业融合发展。落实国家电网公司产业链发展规划，建立多源供应策略，保障供应链安全，打造现代数智供应链管理体系。主动融入海峡两岸融合发展新路，积极参与产业联盟，推动创新资源、产能要素资源共享，全力支撑海上风电等新兴产业发展壮大，引领产业绿色低碳发展。

九、围绕"四化方向"，加快推动省管产业转型升级

紧密围绕产业发展"四化方向"（市场化、专业化、规范化、集团化），扎实开展省管产业高质量发展三年行动，持续推进省管产业改革，健全现代

企业治理，深化运营模式管控优化，建立健全符合省管产业特点的治理体系、管理机制和业务流程，打造治理现代、机制灵活、竞争有力的市场主体。适应国家监管新要求，聚焦主责主业，优化明晰产业功能定位和发展方向，统筹谋划产业布局，系统推进重组整合，加快引领传统产业转型升级，在优势产业和产业优势领域深耕细作，着力增强对主业的支撑保障能力。创新推进同质化管理，强化差异化管控，健全市场化机制，着力增强当家理财能力和自主作业能力，满足市场需求，防范经营风险，促进省管产业健康有序发展，确保国有资产保值增值。

十、以机制建设为重点，持续深化新时期卓越班组建设

适应数字化转型和业务组织模式变革需要，落实公司《班组建设发展纲要》，强化数字赋能、流程增效、管理减负，扎实推动公司班组管理水平再上新台阶。理顺班组管理机制，优化班组管理规范，全面导入卓越绩效管理模式。健全班组激励机制，积极推广班组职级（P序列），强化技能育才、实践锻才、创新成才，打通一线员工人才成长通道。落实班组减负机制，高效推进数字化班组和全业务核心班组建设。优化优秀班组选树机制，积极培育产业工人队伍建设改革示范单位、示范项目，打造一批"安全高效、和谐乐业、创新自驱、活力迸发、业绩优秀"的卓越班组，为公司高质量发展增动能添活力。

（二）实施背景

1. 背景的概念

管理创新成果实施背景主要介绍成果实施当下（特定时点或时间段）企业所面临的主要问题和内外部环境或条件的变化。从格式上来说，管理创新背景一般罗列3～4点，字数控制在1500字以内。逻辑顺序来说，遵循由宏观-中观-微观三个不同层次展开分析（见图5-2）。宏观层面一般是站在国家角度，对

整个政治、经济系统进行分析，关注整体宏观政策、科技创新等宏观发展和经济现象，如国家层面对新型电力系统建设、建设世界一流企业、能源安全等政策要求，可以引用党中央、国务院会议精神或党和国家领导人相关指示来展开。中观层面是站在行业角度，它关注的是行业、市场和地区，研究的是特定行业的发展、市场行为和市场结构等。如站在电力行业角度或者国家电网公司角度出发，新型电力系统建设的中观视角应该具体表现为电网公司有关新型电力系统建设的相关政策和具体要求。微观层面，则站在企业角度或专业角度展开描述，如引用国网福建电力新型电力系统省级示范区建设方案中相关内容和要求。

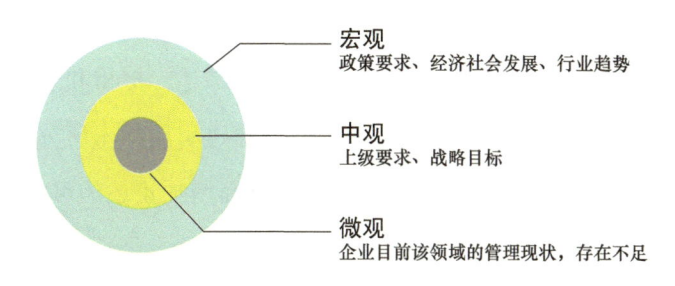

宏观
政策要求、经济社会发展、行业趋势

中观
上级要求、战略目标

微观
企业目前该领域的管理现状，存在不足

图 5-2　实施背景

2. 背景常用写作方法

在撰写过程中，可以基于上述维度，运用起承转合、问题引入等写作方法进行背景分析。常用的背景分析写作方法包括：

（1）起承转合。起承转合是一种组织结构和表达方式，在报告中用于引出主题、展开内容和总结结论。通过一段引人注目的开场语或概述，引起读者的兴趣，并明确报告的目的和背景。在此基础上，对报告的主题进行更详细的阐述和解释，列出相关的背景信息、研究方法、数据来源等，为后续内容做铺垫。进行适当的过渡，引入新的主题或观点。可以使用连接词或段落来进行平滑过渡，使报告的内容具有连贯性。最后，对报告进行总结和概括，强调重点观点或结论，为读者提供一个完整的思路框架。

（2）问题引入法。通过引入实际存在的问题或挑战，从而引起读者的兴趣并提出实施管理创新的动因。这种方法可以以一个具体案例或场景为开端，让读者意识到问题的迫切性和重要性，从而带入实施背景的阐述。

（3）背景介绍法。先对所涉及领域的背景知识或现状进行介绍，然后逐步引出实施管理创新的必要性和原因。这种方法适用于读者对该领域的了解程度较低，需要对相关背景做一个简要的概述，使其能够理解为什么需要进行管理创新。

（4）数据和统计法。通过引用相关的数据和统计信息，来支持实施管理创新的动因和背景。这种方法可以使用调查结果、市场数据、行业报告等可靠的数据来源，突出问题的严重性和企业在该领域的竞争压力，进而说明实施管理创新的必要性。

（5）文献综述法。对于已有的研究文献进行综述，分析和总结前人在该领域实施管理创新背景方面的研究发现和观点。通过引用学术研究、案例分析等文献，可以提供较为全面和权威的实施背景，从而增加论述的可信度和说服力。

3. 案例分析

以国家电网公司 2023 年度优秀管理创新项目《基于业财融合的"321"资金经济调度体系建设与实践》为例。

（一）深化资金管理变革，是顺应国资改革形势的重要举措

习近平总书记在党的二十大报告中指出，要坚持以推动高质量发展为主题，着力提升产业链、供应链韧性和安全水平。随着"双碳"目标与新型电力系统建设快速推进，电网企业作为现代能源产业的关键枢纽，新形势下面临着多重考验与压力，企业经营发展、产业服务提升与社会环境改善的多重发展需求，对电网企业经营管理和资金运作提出了更高要求。2023 年，国资委将现金流相关指标纳入"一利五率"央企主要经营指标考核，表明了对于央企稳健经营和产业金融风险管控的高度重视。国网福建电力深化资金管理变革，优化央企枢纽资金的内外双循环，是顺应国资改革发展形势、保障能源产业安全运行、加速社会经济绿色转型的重要举措。

> **专家点评：**

为提升该案例或类似基于企业自身实际开展的管理创新案例在国家级评审中的竞争力，可强化企业管理基础的个性化。报告中可以通过纵向（企业自身）和横向（业内同行）两个维度进行比较，说明企业发展的现状和管理基础，凸显创新成果的实际应用价值。

（二）加快司库体系建设，是培育世界一流企业的必要行动

2022年1月，国资委印发《关于推动中央企业加快司库体系建设进一步加强资金管理的意见》，指出"财务管理是企业管理的中心、资金管理是财务管理的核心"，并在现场推进会中强调司库体系建设是"推进中央企业数字化转型和高质量发展的重要举措""是加快培育世界一流企业的必然选择"。国家电网公司锚定世界一流企业建设目标，深入推进提质增效和数智化转型等一系列工作部署。国网福建电力着力探索世界一流资金管理创新实践，加速司库体系建设和数智化演进，是驱动业财协同流程再造和经营管理模式变革，助力世界一流企业治理能力升级的必要行动。

（三）做优资金价值创造，是助力企业高质量发展的现实需要

作为关系能源安全和经济命脉的骨干企业，电网企业资金运行具备收支规模大、波动幅度大、涵盖内部结算单位多、服务外部上下游客户多的"两大两多"特征，资金精益管理难度高。在能源变革的新形势下，电网投资规模持续保持高位，带息负债增长压力进一步加大，电网资金"保供应、促发展、控负债"的多目标统筹平衡难度进一步提升，对精益、高效和安全运行提出了更高挑战。亟需科学构建与"两个一流"相匹配的现代企业资金管理体系，创新资金协同管控和精益运作模式，激活资金管理效益和要素价值，筑牢央企资金的安全运营基石，全方位落实以一流资金管理支撑企业经营和高质量发展的重要使命。

> **写作点评：**
>
> 结构上，从宏观、中观、微观三个角度，对项目的实施背景进行分析，分别叙述项目的必要性，给予文章立体感表述。标题表述精准，形式上对称工整，让读者一目了然。每段的字数控制在300~500字左右，本案例各段分析内容需进一步扩充。每一段的文字写法，需按照"起承转合"的逻辑，从业务发展形势/上级工作要求等出发，企业如何承接落地的方式来表述。

（三）主要做法

1. 管理框架

（1）目标层+执行层+保障层。

范例1：《电网企业全面融入地方高质量发展的"双满意"服务体系建设》之主要做法

电网企业全面融入地方高质量发展的"双满意"服务体系建设如图5-3所示。

目标层：全面融入地区能源发展、治理能力提升、乡村振兴战略、营商环境改善，服务于党和政府，助力政府治理现代化。

执行层：一是融入地区能源规划，构建政企合作关系，分别融入地区能源规划、社会治理体系、乡村振兴战略、营商环境改善；二是融入社会发展规划，推动社会低碳转型，分别融入能源"绿色转型""电动福建"建设、"清新福建"建设、"美好生活"建设；三是融入电力产业生态和地方特色产业，推动产业伙伴合作共赢和打造跨界合作全新业态，分别融入清洁能源发展、行业技术创新、用能模式升级、特色产业发展、共享经济发展、产业金融发展。

保障层：打造融入服务平台，强化支撑保障作用。一是建设东南能源数据中心,强化外部数据服务能力;二是建设东南能源数据中心,强化外部数据服务能力;三是打造多元合作伙伴平台,推动服务资源全面聚合。

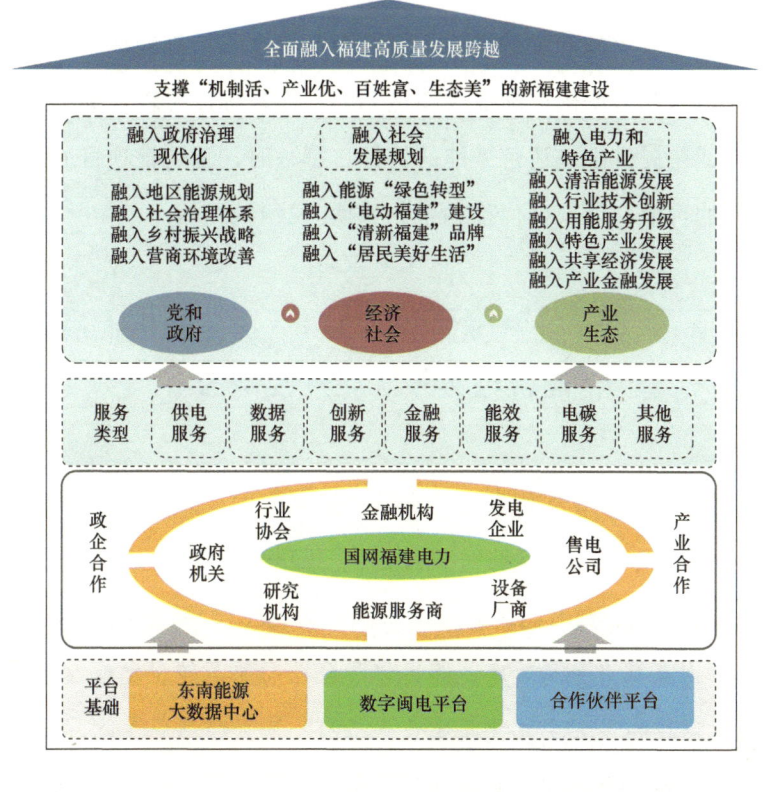

图 5-3 电网企业全面融入地方高质量发展的"双满意"服务体系建设

(2)提炼内涵。

提炼内涵是管理创新项目撰写中至关重要的一部分,它要求对项目的核心内容进行高度概括,并在有限的篇幅中清晰、系统地呈现管理创新的精髓。通过科学、准确且有条理的方式,从管理理论、管理架构、具体措施及关键环节等方面展示项目成果的创新点和管理目标,内涵部分需要简明扼要地回答:这个项目的核心是什么?如何实现的?最终目的是什么?

撰写内涵时,通常采用"主线、内容、目的"三段式的归纳方式,以便于读者能快速理解项目的重点与逻辑。

主线：一般用一句话简洁地总结出项目的核心思路，并与题目呼应。主线部分应高度凝练，概括项目最具创新性的亮点，能够使读者对项目的核心内容一目了然。

内容：即项目实施的关键措施。可以通过将这些措施的标题串联起来。

目的：目的部分明确创新成果要达到的管理目标，可以是解决某个具体的管理问题，或是提升整体运营效能的目标。撰写时，阐述该项目通过管理创新为企业创造的价值，以及如何推动企业长期的战略发展。

范例2：《基于业财融合的"321"资金经济调度体系建设与实践》之主要做法

贯彻国资委司库管理体系建设意见、国家电网公司提质增效和数智化转型工作部署，基于国家电网公司"1233"司库管理体系，进一步做深业财融合、做优资金融通，创新构建基于业财融合的"321"资金经济调度体系（见图5-4），对内支撑资金高效率统筹运作和企业高质量转型发展，对外助力产业生态良性循环和多方主体共同成长。"321"资金经济调度体系聚焦资金流动性、效益性和安全性"三大属性"平衡，统筹企业资金命脉"保障稳定供应、支撑电网发展和防范金融风险"的多重管理诉求；围绕电力购销业务和资产全寿命周期管理"两条主线"，深化业财协同流程再造和全业务融合管控；以建设"世界一流"资金管理体系为目标，共同打造现代企业资金精益管理实践，持续挖掘资金要素价值，畅通央企资金内外双循环，全方位支撑企业新时代的使命任务，助力产业生态高质量可持续发展。

推进"321"资金经济调度体系建设与实践，旨在系统谋划资金协同化运作、精益化管控、数智化转型和高质量发展，参照国资监管数字化智能化提升专项行动要求，以"统一规划、全面规范、安全高效、集约精益"为指导，科学制定蓝图规划和实践路径，围绕"深化业财融合模式、创新经济调度机制、强化要素价值引导、加快数智司库升级和健全司库体系保障"五项行动，全方位推动资金经济调度体系高水平设计、高质量建设、高效率运行，全面提升资金精益管理全业务协同、全链路交互、全要素激活，以资金转型带动财务管理和业财协同向更高层次发展，为升级"世界一流"现代企业治理能力、助力企业高质量发展提供资金创新实践样板。

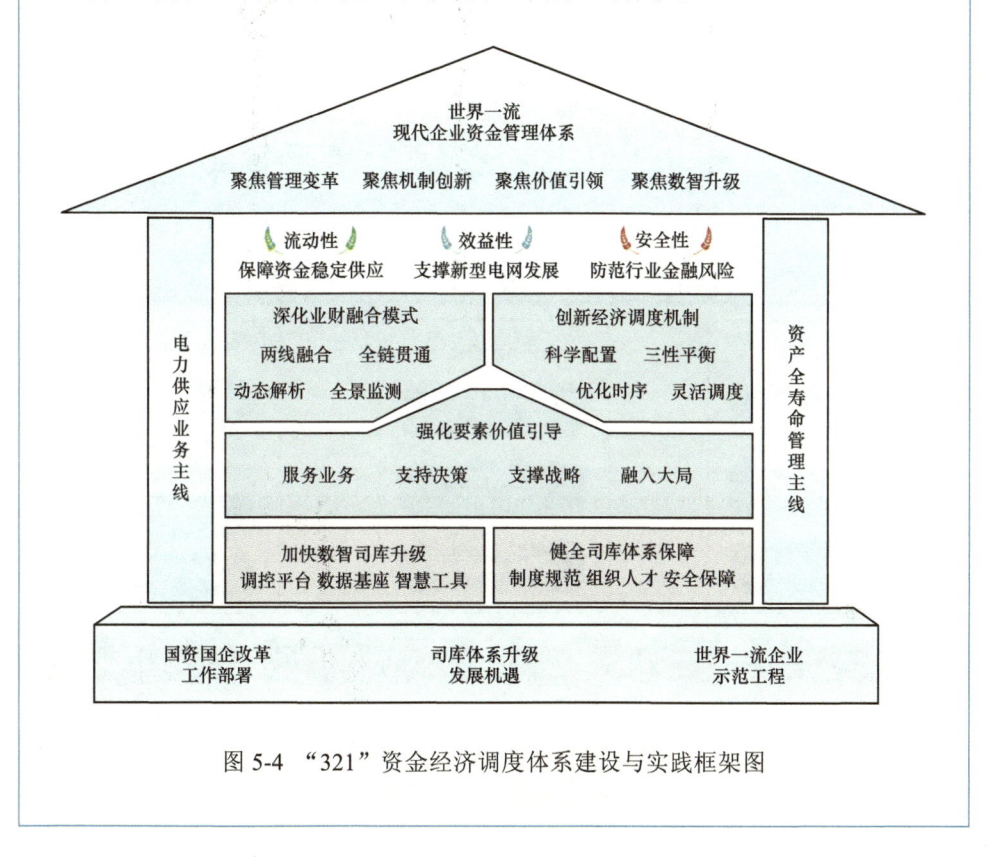

图 5-4 "321"资金经济调度体系建设与实践框架图

范例 3：《"易慧算"现代电费管理体系项目》之主要做法

国网福建电力以"一体三化"为主线，构建购售一体、业务集约化、服务透明化、管理数字化的"易慧算"现代化电费管理体系（见图5-5）。对外通过搭建统一电费结算平台，为发电企业、用电客户、微电网等各类市场主体提供安全、快捷、高效、公正的电费结算服务；对内实施购售同期抄表，推动电费核算、账务省级集约，推动现货交易连续结算运行，构筑防范"大额电费回收风险和重大量费差错"两道防线，推动省级电费抄核账作业模式从分散管控向集约化、自动化转变，助力电费管理实现"简易高效、智慧透明、结算精准"的服务目标。

图 5-5 "易慧算"现代电费管理体系架构图

2. 主要措施

（1）基本认知。

成果主要做法是企业创新实践的总结，反映企业推进该项管理创新，开展了哪些工作，是成果报告的核心，占主报告 70%，是重点评审的内容，务必做到逻辑清晰，框架严谨，内容充实。内容可以辅以案例，但不要用案例代替对做法的提炼升华。

（2）撰写要点。

1）收集素材，梳理实践措施。一是突出重点，进行创新所做的事情很多，从中选择最重要的几条来写，次要的舍去。二是突出难点，每个重要方面涉及的内容很多，要找难点，针对难点写企业如何解决（解决的思路、解决的办法等）。三是突出亮点，对于解决重点和难点问题，最主要是写本企业做法的亮点，即有所创新、效果特别显著的内容。

2）理顺思路，搭建做法框架。一般可以从以下几个方面寻找思路：

总体思路、目标与原则。

组织与管理机制的搭建。

平台与人力等资源保障。

具体的创新措施。

3）紧扣主题，不要跑题。

设置好一级标题，从几个方面总结创新成果的做法，做到条理清楚、内容系统、合乎逻辑。

突出重点、突出特点、突出亮点，不要硬性求全，不要把企业或本部门做得好的事情都往成果里面塞。

采用"分析问题——相应对策"的写法，把做的是什么、为什么、具体怎样做的，一层一层地分别写清楚

要站在读者的立场上想一想，这样写读者能否看明白，特别是外行能否看明白。

要结合实例，图文并茂，生动活泼，形象具体，同时也可以压缩文字。

（3）撰写步骤。

1）框架搭建。

结构安排：明确列出各个主要做法的标题或编号，以便读者清晰了解将会讨论哪些关键步骤或方法。

分段论述：针对每个主要做法，逐一进行分段论述。每段应包含以下内容：

做法概述：简要描述这个主要做法的含义和目的。解释它是如何对管理创新起到关键作用的。

操作步骤：详细说明实施该主要做法的具体操作步骤或方法。可以按照时间顺序或逻辑顺序组织，确保条理清晰、层次分明。

关键要点：强调执行该做法时需要特别注意的关键要点，例如重要的技巧、注意事项或问题解决方法。这有助于读者更好地理解并应用该做法。

实例和证据：使用实际案例、研究数据或其他相关证据来支持所述的做法。这可以提供实质性的证明，并增加内容的可信度。

过渡句：在每个主要做法之间使用过渡句，以确保整篇文章的连贯性和流畅性。过渡句可以用来引入下一个主要做法，或者总结上一个主要做法的关键观点。

总结：在文章的结尾，对所有主要做法进行简要总结，并再次强调它们在管理创新中的重要性和价值。

结束语：在报告的结尾，可以提供一些总体反思或展望未来的建议，以激发读者的思考并鼓励行动。

2）起草撰写。在撰写文字稿时，应注意以下几点：

使用清晰简洁的语言，避免使用复杂的专业术语，确保读者易于理解。

使用段落分隔不同的主要做法，以提高可读性。

给出具体且实用的建议，帮助读者理解如何应用这些主要做法到实际情境中。

结合图表、图像或例子等可视化元素来支持文字论述，使其更具说服力。

审查和编辑文字稿，确保逻辑清晰、语法正确，并注意排版格式的一致性。

3）标题拟定。在撰写主要做法的各级标题时，可以采用以下方法提炼：

一级标题：简明扼要地概括该主要做法的核心内容。使用几个关键词或短语来提炼出该做法的主题。

二级标题：进一步细化一级标题，并指明该主要做法的关键步骤或关注点。可以使用动词开头，明确描述该做法的行动性质。

三级标题：在二级标题的基础上，进一步展开各个具体步骤或要点。可以使用名词或简洁的短语来描述每个步骤的内容。

常见的标题形式有并列式、递进式、描述性、问题式等：

并列式标题：在标题中使用并列关系，将两个或多个并列的主题或要点列举出来。这种标题结构可以清晰地展示出各个主题之间的平行关系，读者可以迅速了解到标题所涉及的多个相关内容。

递进式标题：在标题中使用递进关系，通过主题之间的递进发展展现信息的深入程度或层次。这种标题结构能够引导读者逐步深入理解和探索内容，每个主题都建立在前一个主题的基础之上。

描述性标题：直接描述内容或主题，使读者能够快速了解主要内容。例如："创新管理的重要性""提高团队效能的关键要素"。

问题式标题：提出一个问题，引起读者的思考，并在文章中回答该问题。例如："如何有效管理创新项目？""如何应对创新过程中的风险与挑战？"

引用式标题：引用一句有影响力或激发思考的话语，以吸引读者的兴趣，并与文章内容相关联。例如："创新是一种持续的精神""没有创新就没有未来"。

指令式标题：使用命令形式指示读者采取某种行动，具有强烈的号召性。例如："掌握这些技巧，成为创新领域的专家！""打造创新文化的三个关键步骤"。

根据内容的特点及读者特征，创造性地运用这些标题形式能够使标题更具吸引力、简洁明了，并更好地传达报告的核心思想。

范例4：《基于业财融合的"321"资金经济调度体系建设与实践》

（一）深化业财融合模式，全链解析"两线"动态

围绕电力购销业务和资产全寿命周期管理"两条主线"，针对以往资金

管理处于流程末端、滞后于业务发生的情况，进一步深化业财双向融合的资金管控模式，全链解析资金流动规律和业务状态，为谋划资金协同运作空间奠定基础。

1. 电力购销全流程融合，实时解析业务状态

围绕电力购销业务主线，强化资金流入侧解析，深化与营销部门协同融合，将资金管理数据接口前置到营销系统，构建客户类型、收费渠道、在途资金、电费回收、电费预收、电费资金流入月度预算执行偏差、电e盈用户资金监控、购电费支付及时性等资金分析场景应用，实时掌握资金流入动态，多维度开展资金规律解析。通过营销与资金的深化融合，资金数据及相关业务信息由被动接收的形式改为主动衔接，实现多维度、多视角实时分析购售电业务资金数据，把握资金流入节奏和内在逻辑规律，为精准预测电费资金流入、支撑资金经济调度、深化协同运营模式创新奠定基础。

2. 资产全寿命全景穿透，精准定位管控问题

围绕资产的全寿命周期管理主线，强化资金流出侧解析，将资金管理视角延伸融入工程资产全流程，持续深化物资、建设、运检、资产等业务端到端融合。厘清工程项目前期、建设施工、运行维护、运营管理和退役处置等各阶段的资金支付规律，从业务源端量化固定资产投资计划与资金支出的关系，全景解析重点项目安排、物资付款波动、施工款项承载等投资资金安排情况，精准定位源端管控问题，动态掌握重大项目和大额资金的资金支付需求，支撑开展资金灵活调度和支付时序优化。通过资产全寿命周期的协同管控，动态掌握分地区、分业务、分项目、分结构、分阶段的资金分布情况、业务处理情况、项目支付情况以及合同履约情况，结合资金执行情况精准穿透定位至业务源端的核心问题，从业务的视角分析资金流出结构，着力从多口径平衡投资资金安排，提升资金管理全业务协同管控水平。

3. 资金收支余实时监测，动态掌握资金流动

基于以上"两条主线"的业财深化融合，实现了资金收、支、余动态监测和业务全景解析。同时，进一步借助大数据平台聚合内外部信息，细化每一天资金流动曲线的动态监测，分渠道、分要素全面监测公司经营活动现金周转，实时掌握资金账户、在途资金渠道、预计流出资金等情况，动态把握资金命脉的流动脉搏，为管理者平衡资金收支节奏，全方位开展灵活调度、精准融资和高效运作奠定基础。通过对 2000 余万用户、30 余万供应商、年度 600 余万笔资金流水信息的秒级更新，全面监测资金流入、流出及存量动态，实时解析资金收、支、余曲线，开展分单位、分渠道、分业务类型等多维度资金状态分析，强化资金构成和执行偏差对比，结合电费资金流入预测和资金支付需求安排的情况，及早掌握异动情况和缺口时点，动态开展业务过程的全景溯源，为业财融合同向发力提供支撑。

（二）创新经济调度机制，统筹资金"三性"平衡

立足资金流动、效率效益和安全供应"三大属性"统筹平衡，创新资金经济调度一体化运行机制，借鉴电力经济调度模式，实时监测资金收支流动曲线，适时优化资金流入、科学调控资金流出，平抑资金峰谷波动，保障资金稳定供应。

1. 探索市场运营机制，加速经营资金流入

在优化资金流入方面，通过深度挖掘售电波动特征、用户结构和到账规律，开展精准预测与协作运营，加速经营性资金回流。一是优化电费资金流入预测模型，统筹市场、电费、计量、资金等多专业力量，优化契合电费"抄表-发行-缴费-到账"全过程的滚动预测模型，同时强化"负荷-电量-资金"三大预测模型联动，提升电费资金流入预测精度。二是探索市场协同运营机制，结合电费流入预测及执行偏差，协同营销部门探索经济性营销策略优化、缴费渠道优化、预收账款运管、金融应用对标等新机制，比学赶超加速推进高压用户分次结算、低压用户智能缴费，以及有针对性地推广电费金融产品，

建立"政银企电"四方联动的电费金融良性循环，平衡销售让利与资金收益的关系，促进社会与企业共赢。其中，精准预测电费流入是监测资金异常、精准定位问题、有针对性地优化资金流入的基础。为此，着力优化电费资金流入预测模型，打通用采、营销和财务管控等信息系统的数据链路，细化负荷、电量、资金在途和流入等全链路信息，构建四种用户类型、两种现金流量分类、六种业务场景的现金流画像，并根据现金流画像和海量数据蕴藏的内涵规律，选择马尔可夫、随机森林等四种预测算法，进行多轮验证迭代，持续提升模型预测精度。

2. 平衡资金支付安排，科学调节资金流出

在调控资金流出方面，通过多维评估资金支付需求和重要等级，平衡重大项目和大额支出资金安排，结合以收定支机制科学管控资金流出节奏，寻求资金提质增效空间。一是创新构建支付等级标签机制，通过供应商类型、业务类型、资金属性、付款到期日（依据合同信用周期）、业务审批状态五个维度，固化供应商付款"优先等级"标签评价规则，通过每一笔款项的支付等级开展优化排程和灵活调度。二是科学平衡投资资金安排，着力从重大供应商、年度投资资金、重点项目建设资金、超长期工程资金、残值资金流入匹配情况、资本性资金安排与运营规模配比情况等口径平衡资金安排，同时落实加速民企清欠和农民工工资结算等相关政策要求，在有效履行社会责任的同时，为资金管理谋效益。其中，动态掌握每一笔付款需求的必要性、重要性和合理性，是保障资金供应、合法合规调节付款时序的基础。为此，创新设计资金支付等级标签机制，通过对前述五大维度科学赋权，固化款项支付优先顺序评价规则，精准量化评价全省每一笔资金的支付等级，按评价得分结果对付款单据赋予"红、橙、黄、绿、蓝"五级标签，并以付款订单为载体实现维度信息及评价标签结果跨专业、跨单位全面共享，支撑资金管理岗优化款项支付时序安排，在保障购电费、农民工工资、中小微企业等民生款项资金用度和刚性支出的前提下，科学安

排资金支付。

3. 做优资金经济调度，平抑资金峰谷波动

基于对资金流入的协同优化和对资金流出的精细掌控，全面激活资金经济调度一体化精益运行机制，强化动态排程精度和预算执行刚性，实现支付金额和流入金额最大程度拟合，平抑资金峰谷波动，统筹资金流动、效益、安全"三性"平衡。一是推进资金预算周期转变，依据"以收定支、融资规模最低和时点最优"原则确定排程规则，实现资金动态排程按照"月预算、周平衡、日排程"的稳步提升，优化资金"流动"循环；二是强化资金预算执行刚性，在流入侧建立"日跟踪、周校核、月评估"的现金流入预警机制，在流出侧优化总额强控和余额倒排工作流，严控月度现金流预算执行偏差，保障资金"安全"供应；三是落实经济调度减负增效，通过内部封闭结算和大额资金集中支付，开展支付项目化评分和智能化线上调度，引导基层优化款项支付习惯，支持月内资金排程的再调度，最大限度利用好合同信用周期，挖掘资金时间"效益"，实现资金削峰填谷。其中，优化资金科学支付节奏，是开展资金动态排程和经济调度的重点。为此，进一步建立"业务预约、精益管控、结果透视"资金支付管理模式。一是推行"双全"资金支付预约模式。建立物资及服务类、购电费等五大类"全业务范围、全时间开放"的预约模式，预约支付范围全面覆盖公司所有支付业务，以全开放的预约时间，通过集成预约、业务预约等方式获取预计付款时间，加强业财融合调控，统筹资金计划管理，提高资金支付需求的计划性。二是实施资金支付精益管控。引入"支付业务习性+两级业务分类"优先级评分标准方法，根据业务支付习惯，建立省市县差异化支付优先级评分标准，构建动态排程策略，提高支付排程模型的可用性和精确性。三是构建支付管理"透视镜"，通过在线测算资金占用量，合理透视预估最低存量，应对资金短缺风险。

（三）强化要素价值引导，支撑企业"一流"发展

坚持价值创造引领，优化融资科学配置，释放资金管理效益；完善以自由现金流为导向的企业价值引领框架，强化战略决策支持和资金要素价值传导，激发业财部门协同创效，加速资金内外部有机循环，全面支撑"世界一流"企业建设和高质量发展需求。

1. 优化融资科学配置，保障资金稳定供应

通过对资金全过程的动态解析、精准预测和灵活调度，最大程度拟合了收支曲线，大幅提高了"融资规模最低、时点最优"的融资科学测算能力和资源优化配置能力。但随着资金高度集中，各单位属地银行业务萎缩、利益受损、服务积极性下降。在银企利益格局变化的情境下，需要进一步优化银企协同模式和资金科学配置，切实保障电网发展和企业经营资金的低成本可靠供应。一是深化金融合作关系，提升资金配置能力。及时调整银企合作方式，加强与国内商业银行"总对总、分对分"合作，签署战略合作协议；加强与银行的供应链金融合作，共同推广"电e金服"产品，助力中小企业纾困解难的同时加速资金回流，实现三方共赢；建立商业银行贡献度评价模型，对主要合作银行开展综合贡献度评价，并根据评价结果配置存款，引导商业银行改善服务质量。二是拓展内外融资渠道，优化资金融通循环。按照"先内后外、先低后高"的原则科学安排融资，充分发挥集团账户体系集中备付作用，高效调控内部资金市场，充分盘活省管产业单位、子公司内部闲置资金；开展多元化低成本融资，灵活应用月内循环贷融通资金，采取循环委托贷随借随还等模式，解决公司月初冗余、月末紧缺的资金削峰填谷问题。三是加强融资仿真预测，提升资金配置效益。将融资管控与现金流"按日排程""季度排程"有机衔接，科学优化融资策略，使融资的到期日安排与公司资金的年内月间、月内日间规律相匹配，确保融资规模最小；将融资渠道、久期结构安排与各类融资产品利率的年内月间、月内日间规律相吻合，确保融资时点最优，实现保障企业安全备付和稳定供应的同时，有效管控资金成本和带息负债增长，持续挖掘资金专业管理价值，推进资金精益管理创一流。

2．强化对标评价机制，支撑经营目标实现

聚焦"一利五率"央企经营指标变革、重点经营领域和业务运行状况，搭建资金协同服务价值分析体系，建立18项关键评价指标，以带息负债规模、营业现金比率等企业经营管理指标为重点，加强对标评价和协同服务优化，统筹电网发展资金需求与债务安全平衡，支撑经营目标实现。一是加强对标评价机制，开展投资精准管控。结合内部模拟市场二三级市场考核，辅助各层级提升资金状态的掌控深度和宽度，引导基层各单位量入为出，充实现金流、管好钱袋子，支持管理层科学制定资金调控策略，支撑企业经营发展目标实现。二是深化业财融合服务，激活协同管理价值。协同营销、物资、建设、设备、法规等部门，探索电费回收机制、市场化合作模式、通用物资寄存、存货定额管理等新模式、新机制，持续优化资金业财融合统筹管理，激活协同服务价值，为服务业务、支持决策、支撑战略提供坚强保障。

3．完善价值引领框架，助力企业战略发展

把握央企高质量发展首要任务和稳健经营发展要求，立足企业价值最大化和可持续发展目标，借鉴拉巴波特价值评估模型（RapportModel），以自由现金流量为导向，梳理企业整体价值创造的关键要素，结合电网企业特征、国家电网公司评价导向、内外部监管要求和央企社会责任平衡，完善适用于闽电精益实践的资金价值引领框架，充分发挥企业现金流的命脉作用，强化资金管理的战略决策支持深度，助力企业和行业高质量可持续增长。

从企业价值的自由现金流出发，依循财务报表挖掘业务动因、剖析短板弱项、引导价值提升方向，加速企业资金内外部有机循环，保障可持续价值增长。一是引导核心利润增长，加强提高营业收入增长率、降低管理费用率、维持研发投入强度的引导，全面盘点存量资产要素，加强固定资产等长期投资项目的全周期管理，传导有效投资理念，优化资产管理和利用效率。二是引导营运资本提升，遵循合作共赢原则，优化产供销协同生态，利用商业信用和供应链融资等模式,减少采购及库存等资金占用,强化利润与资金的转化,提升营运资本周转效率。三是引导资本成本优化,通过优化企业债务久期结构,稳定财务杠杆水平,在满足国资委降杠杆、减负债要求的同时,全方位支撑"世界一流"企业建设和高质量发展需求。

(四)加快数智司库升级,赋能经营管理变革

坚持创新发展驱动,研发资金经济调度平台,构筑全域互通数据基座,丰富成套智慧管理决策工具,积极探索现代信息技术创新应用,全面推进数智司库转型升级和精益实践,为全面提升资金运作水平提供自主化、安全化的现代信息技术赋能保障。

1.研发资金调控平台,驱动数字运营升级

聚焦数智司库升级与业财流程融合、管理模式变革、运行机制创新的全面耦合,在国家电网公司数智司库的基础上,进一步发挥国网福建电力"数字闽电"和业财融合优势,研发资金经济调度和价值赋能平台,驱动数字化协同运营模式升级,强化资金管理平台化服务、可视化运营、精益化调度、智能化决策和实时化风险控制,为升级资金风险管控力度、经营活动分析精度和战略决策支持深度提供数字基础。

2.构筑全域信息基座,挖掘数据资产价值

借助大云物移智等新技术实现高速计算框架和低延迟信息获取,构建业务、数据、技术中台全域互通的信息通道和数据基座。整合银行账户、收支交易、银行余额、融资、票据等资金专业数据,内部贯通财务、营销、资产、工程项目、物资、合同、人资等信息系统,外部推进"政、电、银、企"等多方信息互联,实现"业务流、资金流、信息流、价值流"四流合一,加强业财信息可视化和数据资产化建设,日均汇聚内外部数据达2780万余条,全面夯实业财交互融通和协同管理基础。

3.创新智慧管理应用,强化经营决策支撑

发挥现代信息技术的创新赋能作用,探索"智慧型、价值型、生态型"

的数智司库精益实践，构建 8 大模块 45 个智慧场景应用，结合经典数学、统计学方法以及机器学习智能算法，创新研发收支时序预测、经济调度排程、异常风险监测、资金协同服务和价值能效分析等成套智慧管理和精益决策工具。同时，坚持创新发展驱动，积极探索人工智能、元宇宙等前沿技术的创新应用，以数智司库升级演进推动财务管理数字化转型，推进财务管控深入业务前端，促进业财价值链双向融合，提升企业经营决策支持能力和价值创造能力，以数字化转型驱动业财协同流程再造、经营管理模式变革和现代企业治理能力升级。

3. 保障机制

保障机制的基本认知：保障机制应该具备清晰明确的内容，能够准确地描述项目的组织结构、管理流程、决策机制、团队协作方式等，确保每个环节和要求都可以被理解和执行。

保障机制的撰写要点：保障机制需要全面涵盖项目管理的各个方面，包括项目启动、计划、执行、监控和收尾等各个阶段的具体工作要求，需要细致到具体职责，确保每个环节合理的安排和管理。其中，项目组织结构为必须具备的保障机制，且一般放置在主要做法的第一点。

范例 5：《基于业财融合的"321"资金经济调度体系建设与实践》之保障措施

健全司库体系保障，筑牢安全运营基石

坚持系统工程理念，全面强化资金制度保障和人才组织培育，健全资金安全风险实时监测和常态化监督防线，牢筑资金安全管理基石，为适应"世界一流"的现代企业资金管理体系建设与实践提供全面保障。

1. 强化制度保障，完善层次化管理规范

坚持资金安全管理底线，在严格落实《国家电网有限公司司库管理办法》

《"四严五强六十条"资金安全管理规程》等制度规范的基础上，结合新形势新要求，围绕银行账户、资金结算、融资管理、资金安全等方面，系统梳理细化相关制度规范和管控细则，进一步压实各层级管理责任，健全"办法+规则"层次化规范保障。组织发布《国网福建电力资金集约中心资金经济调度研究与应用方案》《资金安全管理指导手册》《国网福建电力财务部关于强化资金安全管控的通知》《国网福建省电力有限公司政府出资电力接入工程财务管理办法》等配套方案和指导文件10项，进一步规范工程、物资等重点业务的财务结算流程、结算凭据和审批手续，全面提升资金规范化、标准化管理水平。

2. 升级组织能效，培育复合型人才团队

通过推进省公司与资金集约中心、省管产业单位融合，升级"省级集中"资金管控运行组织能效，强化业务财务一体化集中管控，持续提升资金经济调度效率效益水平。一是升级省级资金集中运作团队，结合电力市场化改革需要和资金日调度精益化需求，强化"财务部-资金中心-基层单位"三级资金管理能效，坚持上下联动、整体协同，进一步强化主体责任、分层管理和分级负责。二是强化资金统筹协同组织，建立省公司跨部门统筹的1+N+1组织架构，由财务部牵头，营销部、设备部、建设部等相关业务部门协同配合，统筹协调资金紧急调度工作，并以资金中心开展业务执行，负责资金的精益调度和高效流转。三是加强复合型创新人才团队培育，打造符合现代资金管理理念的人才智库和复合型人才孵化基地，组建跨部门、跨专业柔性知识团队，构建"传帮带"等人才培育机制，推动专家人才引领、青年人才托举、全员素质提升三大工程，全面升级组织与人才驱动效能。

3. 加强安全防范，强化全链条风险管控

通过强化规范教育、升级在线检查和开展全链监测"三维联防"，持续提升资金本质安全水平，筑牢资金安全管理基石。一是强化资金安全规范和廉洁底线意识，系统梳理资金风险防范要点，加强安全专题培训和廉洁讲堂教育，健全总会计师履职监督等长效风控机制，抓日常业务报销、现金收支等廉政风险要点，推动资金安全意识"入脑入心"。二是探索资金安全检查线上化模式，借助自研的"三库一终端"智能辅助系统，依据问题规则库和标准流程库，辅助检查人员自动完成大多数检查事项，并形成问题画像库，实时警示易发频发问题。同时，借助虚拟现实交互终端为现场检查工作提供远程协作和共享视野，全面提升资金安全检查效率，切实保障资金安全检查工作在并表内单位全面覆盖。三是升级"督办一体"实时风险监测，结合内外部监管要求和风险防范要点，在线固化 863 项风控规则，实时开展业务全流程风险在线监测、预警和督办消缺，落实 7×24 小时"事前合规管控、事中预警监控、事后常态监督"的闭环风险防控，全面筑牢资金安全风险防线。其中，事前"合规管控"涵盖电费资金流入、物资采购、工程项目、费用报销等 37 个业务场景，保障业务发起即合规；事中"预警监控"涵盖重复支付、大额支付、签名流程不匹配、异常支付等实时监控规则和收款白名单机制，保障全流程风险可控在控；事后"常态监督"对风险事项落实跟踪，督办问题和风险及时消缺。

（四）实施成效

1. 基本概念

实施成效是指通过实施本项管理创新企业所发生的显著变化，评价解决问题的效果，回答背景提出的核心问题解决了没有，解决到什么程度（水平）了。包括管理水平和经济效益、社会效益、生态效益的提高。

2. 撰写要点

要紧扣成果题目，回答背景提出的问题，多用数据进行对比，比如企业自身实施前后的对比、与行业水平的对比、与国际水平的对比。要探讨可能的改进空间和未来发展方向，全面展示管理创新的综合成效。

3. 框架规范

每个方面效益一个模块，各效益分量字数相当，一定要按照由微观层面到宏观层面的结构次序展开，逐步层层递进，用图表化的形式来展示数据，突出效益。

4. 撰写案例

（1）常见写法。

管理效益：
- 推动了公司管理理念与模式的"三个转变"。
- 优化业务解决方案，实现了管理模式转变。
- 充分发挥电网主体作用，推动可持续发展战略落地。
- 形成内外信用双驱动，实现企业新发展格局。
- 为落实公司"一体四翼"发展布局固本强基。
- 实现成本数据同源共享，管理成效斐然。

经济效益：
- 开辟新兴业务，创造营收新增长点。
- 增强配网成本管控能力，降本成效卓越。
- 电网建设取得重大进展，经济效益突出。

社会效益：
- 实时提供电力数据分析，助力政府精准施策。
- 带动上下游企业共享发展。
- 获得社会各界多方认可，输出国网可持续性管理名片。
- 引领发布电力大数据产品，助力公司数字化形象提升。

环境生态效益：
- 绿色发展助力"蓝天行动"。

（2）实例技巧分析。

1）优秀技巧一：呼应背景提出问题。

> 一、聚合产业链资源的"我家有电工"供电延伸服务体系构建与实施的背景　　1
> （一）贯彻总体国家安全观，保障人民用电安全的需要　1
> （二）聚焦社会就业需求问题，落实央企社会责任的需要　1
> （三）解决客户供电服务痛点，提升供电服务体验的需要　2
> 三、聚合产业链资源的"我家有电工"供电延伸服务体系构建与实施的效果　　14
> （一）保障用电安全，提升客户服务体验　14
> （二）开辟新兴业务，创造营收新增长点　14
> （三）解决就业需求，彰显央企责任担当　15

2）优秀技巧二：定量对比分析，数据翔实。

> （二）助力福建高质量发展，提高党和政府满意度
>
> 一是优化电力营商环境方面。全省电力客户满意度从 2011 年的 72.48% 提升至 2020 年 98.51%。福建省"获得电力"指数从 2018 年的 77.35 提升至 2020 年 96.11，2021 年跃升至相当于全球 190 个经济体第 14 名，厦门市"获得电力"指标获评"全国标杆"，相当于全球第 9 位。二是助力脱贫攻坚方面。建成 316 个乡村电气化村惠及 79 万人，3115 个光伏扶贫项目为群众提供超过 6000 万收益。三是推动清洁能源替代方面。"十三五"期间完成电能替代 445 亿千瓦时，相当于减少标煤燃烧 1.8 亿吨、减排二氧化碳 2.7 亿吨。截至 2021 年底，福建省非煤清洁能源装机、发电量占比分别达 58.0%、48.5%，分别居全国第 11、第 8，电能占终端能源消费比重达 31.3%，高出全国约 3 个百分点，清洁能源转型比肩发达国家。四是资源共享方面。建成投运多站融合数据中心站 66 座,共享基站 383 基，共享光

纤 1889 千米，共享管廊 114 千米，光缆敷挂 289 千米，累计节约社会重复投资 5000 余万元。

3）优秀技巧三：用图表化的形式来展示数据。

（三）提质增效，管理水平和运营效率持续增强

实现陕西电网统一管理，有效解决了陕西两家电网企业重复建设、同质化竞争问题，电网运营管理质效全面提升，基础管理不断夯实，企业管理水平迈上新台阶。优化电网投资策略，减少重复建设投资达 50 亿元以上。省市机构精简，机构数量较整合前减少 17 个部门、9 个地市供电公司、2 个直属单位、2 个县供电公司，电网管理更高效。225 项"放管服"举措高效落地，低电压、频繁停电等问题实现"动态清零"，合并口径线损率降低 0.7 个百分点，累计 6 个地市公司、26 个县公司、130 个供电所入选国家电网公司同期线损十强百强，同期线损综合达标率保持国网第一梯队。

4）优秀技巧四：取得政府、上级批示肯定，企业社会声誉提升。

（一）创建"双满意"服务范式，赢得社会广泛认同

在新时代，"双满意"工程已成为国网福建电力服务党和政府以及人民的重要载体，成为履行公共服务社会责任的品牌，成为持续提升公司价值创造能力的重要平台。一是全面推广实践。国网福建电力成功推动新时代电力"双满意"工程列入福建省委省政府、9 个设区市和 41 个县（市、区）党委政府 2021 年为民办实事项目，高规格举办电力"双满意"工程二十周年系列活动。二是获得各界表彰。国家电网公司、福建省委分别向中央报送专报，成果入选"全国国有企业党的建设工作会议召开五年来国资委党委党的建设工作展"、全国"献礼建党百年"基层党建与民生优秀案例、福建省委"我为群众办实事"典型案例。三是获得广泛赞誉。2021 年中央领导同志批示肯定 10 次，央视《新闻联播》《人民日报》、新华社《国内动态清样》15 次报道公司工作，福建区域"国家电网"品牌美誉度达 83%、新时代"双满意"工程外部好评度达 97.4%，行风评议在省内实现 9 连冠。

范例 6：《基于业财融合的"321"资金经济调度体系建设与实践》（实施效果）

（一）变革资金管理模式，提高资金管理效率

基于业财融合的"321"资金经济调度体系建设与实践，对标世界一流经验，探索业财融合、模式变革、机制创新与数智转型的紧密耦合，奋力打造现代企业资金管理体系创新实践典范，全面提升资金实时反应能力、统筹调度能力、数智决策能力和风险防控水平，实现资金管理模式、机制、理念"三转变"。一是推进资金管理模式向协同融合的转变。通过业财端到端深化融合，重塑业财融合管理模式，大幅提高协同调控水平，加速电费回收、释放库存资金占用，2022 年 12 月电费预收率××%、同比提升××个百分点，2023 年 9 月电费预收率××%、同比提升××个百分点；2023 年 1～9 月推广通用物资寄存规模达××亿元，同比增加××亿元。二是推进资金调度机制向高效拟合的转变。通过创新电费资金流入预测模型、标签化支付时序、非标准融资等新机制，多措并举推动资金削峰填谷和收支拟合，2022 年电费资金流入预测精准率达到××%；资金月度排程偏差率控制在××%以内；资金收支拟合度降至××%，同比下降××个百分点，有效减少资金沉淀和体外流动。三是推进资金管理理念向价值创造的转变。聚焦"服务业务、支持决策、支撑战略、融入大局"，全面强化资金要素价值引导，开启业财深度融合、智慧协同的现代企业资金管理新篇章。成果已在国网福建电力所辖单位全面应用，授权及受理《发明专利：基于马尔可夫状态转移矩阵的电费收入预测方法及系统》《发明专利：一种应用于财务涉密保护的电子密钥 U 盘管理系统》等专利 3 项，先后荣获"2022 年中国电力大数据创新应用十大优秀案例""2023 年电力数智化转型技术创新应用（智创奖）"等多个奖项，具备示范性和推广价值。

（二）创新资金运行机制，释放资金经济效益

借助资金经济调度一体化高效运行，实时跟踪资金流波动，全链解析业务状态，滚动摸排资金缺口，优化资金统筹调控、精益排程、内外融通和科学配置，实现资金管理流动性、效益性、安全性"三提升"。一是优化资金流动，资金供应能力显著提升。基于资金运行的高度集中、精准排程和灵活调度，保障资金稳定供应，2022 年日均融通内部资金××亿元、提前偿还贷款××亿元；2023 年 1~9 月日均融通内部资金××亿元、提前偿还贷款××亿元。2023 年 9 月末带息负债××亿元，较年初下降××亿元。二是激活资金价值，协同运营效益显著提升。强化银企合作渠道，精准匹配融资时序与资金需求，优化债务结构，综合施策大幅降低融资成本，2022 年资金综合成本率××%，同比下降××个百分点，全年财务费用较年初预算减少××亿元；2023 年 1~9 月资金综合成本率××%、同比下降××个百分点。三是强化风险监测，安全管控水平显著提升。通过持续优化资金管理规范，全面排查和评估资金安全隐患和风险点，全面深化资金在线监控，实现"事前、事中、事后"安全闭环管控，固化在线监控规则 863 条，2022 年实时监测和排除风险问题 1020 个，涉及金额××亿元，全面管控资金风险，牢筑央企枢纽资金安全运营基石。

（三）发挥央企责任担当，提升社会服务效能

统筹平衡"保供应、稳增长、促发展、控负债、降成本"等多重资金需求关系，强化内外协同和产业资源整合，充分发挥央企资金运行对国有企业"六个力量"和经济战略的支撑作用，助力企业、产业、社会"三发展"。一是践行资金运筹使命，支撑电网高质量发展。实现业务付款需求与财务资金配置的深度融合，资金要素潜力充分挖掘，推动多专业协同变革与内外部循环提升，2022 年以××亿元的较小带息负债增量，满足××亿元的资金缺口，

保障企业稳健经营和产业转型发展需要，支撑更为清洁安全高效可持续的能源供应和电力服务超越发展。二是保障资金枢纽畅通，助力产业经济良性发展。以电力大数据和产业金融平台为支撑，充分发挥电网资金的产业纽带作用，协同推进"电 e 金服"助力稳经济各项举措，2022年、2023年1-9月分别服务上下游企业落地××亿元、××亿元。三是满足民营企业需求，助推民营经济持续发展。合理优化付款时序，保障9200余家民营、中小企业款项快付尽付；通过电力数据增信协助中小微企业获取普惠绿色金融服务，2022年提供"电 e 贷"授信超××亿元，有效纾困中小微企业，在稳双链、稳增长中彰显国网担当。

总体点评：该创新项目写作思路清晰，逻辑性强，体现了国网福建省电力有限公司在资金管理创新方面的深入思考和实践成果，在选题的导向性、报告结构的完整性、论证逻辑的规范性方面，都可作为参考的范本。从选题和结构两方面来看，这个管理创新写得好的两大因素可以总结如下：从选题上看，立足本企业实际。本项目从企业实际问题和需求出发，解决自身管理中的短板问题，实现资金集中、精益和安全管理。从结构上看，从宏观背景到具体实践，再到成效评估，层层递进，此外使用了"321"等易于记忆的数字框架来组织内容，增强了文章的可读性和说服力。

为提升该案例或类似基于企业自身实际开展的管理创新案例在国家级评审中的竞争力，可以从两个角度进行报告的优化提升：一是强化管理创新的理论性。比如，在电费资金流入预测模型基础上，建立"321"资金经济调度体系的理论模型，并进行实证分析，不仅能够提升该体系的理论深度，还能为同行业其他企业提供理论参考和实践指导。二是强化企业管理基础的个性化。每个管理案例都有其产生的创造环境和基础条件，不是只有管理水平高的企业实施的管理创新才有价值。报告中可以通过纵向（企业自身）和横向（业内同行）两个维度进行比较，说明企业发展的现状和管理基础，凸显创新成果的实际应用价值。

第六章 管理创新成果主报告案例

为更好地理解管理创新报告撰写过程和技巧，通过对两篇优秀主报告深度剖析点评，从选题立意、全文体例、主体内容、成果价值体现等角度，分析案例中的创新点和实施成效，解构管理创新成果主报告的撰写规范，展示如何将管理创新的理论应用到实际工作中，帮助创造人员从案例中理解管理创新成果主报告的总结要点。

一、电网企业全面提升客户体验的数字化供电服务管理

该成果获 2023 年第三十届全国企业管理现代化创新成果二等奖，由国网福州供电公司完成。

总点评：在选题立意上，该管理创新成果的标题文字精炼准确，应用数字化手段提升客户体验，既有明确的目标又有清晰的路径，既关注企业自身变革又重视外部客户反馈，主题选择紧密结合企业重点工作及社会关注焦点，实现了内外部因素的兼顾与统筹，整体立意较高，是对外申报项目的模范样本。

在全文体例上，成果的背景从宏观-中观-微观层面次第阐述创新原因，与成效部分前后呼应。主要做法占全文 70% 左右，围绕客户能体验到的办电、用电、停复电环节展开描述，紧扣题目、逻辑清晰、内容完整。主要做法第一点整体阐述了本项目的主体思路，并配有完整的管理框架图，后接实施路径及工

作机制适度展开说明，详略得当，可作为参考范本。

在主体内容上，为响应数字化主题，主要做法中首先构建了"三大数字化平台"，然后应用"数字营业员""全能指挥官""AI指挥长"完成办电、用电、停复电等各项服务，兼具科学性与创新性。同时，项目还建立了多元评估闭环机制，落实服务品质监管及工作成效奖惩机制，符合管理学的一般规律，具有显著的实践性。从成效来看，一系列数据呈现了该项目的经济、管理及社会效益，让成果报告整体看起来充实完整，令人信服。

为提升项目成果在外部评审，尤其是国家级评审中的竞争力，可以从两个角度对成果报告进一步提升优化：一是强化管理实践的进一步总结，该成果提炼的"三维三线"缺乏显著的管理学特征，如果能总结提炼出更具有普遍适用性且更明晰的管理方法（如 PDCA、丰田看板），将大幅提升项目的科学性。二是适度进行行业比较，可以通过横向（同行间）和纵向（企业内）现实情况分析，更加直观高效地呈现项目实施的必然性与必要性，凸显创新成果的实际应用价值。

一、电网企业全面提升客户体验的数字化供电服务管理的背景

（一）优化地区营商环境的战略举措

党的十八大以来，习近平总书记反复强调"人民对美好生活的向往，就是我们的奋斗目标"。随着广大人民群众物质生活和精神生活日益丰富，电力需求及供电服务需求呈现出多样性的特征，国网公司加速推进后疫情时代企业复工复产服务工作，推出"三零三省"服务举措，即低压小微企业"零上门、零审批、零投资"，高压用户用电报装"省力、省时、省钱"。国网福州供电公司作为省会城市供电企业，深入落实习近平总书记在福州地区任职时提出的"3820"战略目标，坚持以人民为中心，以客户为导向，依托"数字福州"建设，贯彻"三零三省"工作部署，主动探索如何提升客户办电效率、降低客户用电成本、减少客户停电时长等新课题，努力营造公平透明、

安全可靠、竞争力更强、效率更高、成本更优的电力营商环境，助力经济稳增长，做到让客户满意、让党和政府满意。

（二）推进新型电力系统建设的迫切需要

习近平总书记在党的二十大报告中强调"加快规划建设新型能源体系"，在 21 年 3 月的中央财经委员会第九次会议上首次提出构建新型电力系统。推进可持续发展与能源转型，增加能源多样性与灵活性，降低对单一能源来源的依赖，提高电力供应的稳定性与可靠性，都成为尽快推动新型电力系统建设的重要原因，亦对电网企业的配电网建设、运维、抢修提出更高的要求。与此同时，各类交互式能源设施快速发展，高品质、多元化用电需求不断增长，对供电企业的客户服务水平提出了更高要求，亟须大力推动信息技术与智能电网融合发展改造。在推进新型电力系统建设过程中，由于供电企业内部各专业信息尚未实现共享互通，客户沟通诉求衔接低效、供电服务全流程缺少预警和实时纠偏手段等问题凸显，迫切需要深入开展数字化供电服务变革，利用集中调控、远程协作、人工智能等数字化手段，实现隐患故障的实时感知、快速响应与精确控制，构建以提升客户体验为核心、科学调度指挥的新型电力系统。

（三）供电服务数字化转型的必然要求

近年来福州地区城乡建设发展迅速，配电网建设规模快速增长，客户对于不停电、快复电的要求日益强烈。随着福州地区数字经济和数字技术的快速发展，深入推进数字化转型发展、建设数字化企业，已经成为供电企业的战略焦点。当前，供电企业设备运维、抢修人员的配置率偏低，结构性缺员与供电可靠性之间的矛盾日益突出。同时，福州地处东南沿海，台风灾害多，响应速度快、时效要求高是抗台抢险的重点和难点，而配电网灾损情况瞬息万变，传统的配电网运维、抢修管理方式已经难以应对。因此，依托数字化管理手段提高电网监测分析能力，对客户诉求精细分类，加快构建跨部门、跨业务高效协同机制，加强对网格区域人员、物资配备的精益化管理，打造综合性的资源指挥平台，探索建立有效、有序的供电服务指挥模式，增强用户服务的针对性和及时性，确保停电诉求快速处置已成为供电企业数字化转型的迫切需要。

二、电网企业全面提升客户体验数字化供电服务管理的主要做法

（一）构建数字化供电服务管理体系的总体思路

1. 以客户需求为导向，明确管理创新任务

国网福州供电公司立足"人民电业为人民"的企业宗旨，主动适应数字化趋势浪潮，以全面提升客户体验为目标，"三维三线"构建数字化供电服务管理体系（见图6-1），聚焦居民、商企及政府三大维度客户需求，围绕客户感知显著的办电、用电、停复电三大核心业务流程主线，通过搭建服务客户用电报装的"智慧办电平台"，服务客户持续可靠用电的"配电网格化智能运维管控平台"和推进快速停复电的"供电服务指挥平台"三大数智平台，充分发挥"数字营业员""全能指挥官""AI指挥长"作用，实现客户办电、用电、停复电零上门、零烦恼、零感知三大体验提升，为助力营销服务水平持续提升，服务福州经济社会发展与营商环境优化贡献电网力量。

2. 明确分层实施路径，引进科学管理模式

统筹指挥力量，建立实体运营模式。供电服务指挥中心调整为独立机构，运作上保持相对独立性，对上衔接省公司职能部门，对下指导县级指挥中心提升服务指挥能力，开展供电服务全专业评价，以客户视角开展服务执规检查和异常督查督导。市县一体化运作，打造区域服务中台。市县供电服务指挥中心建立配网抢修应急机制和进度督办机制，实现全域抢修工单直派班组，减少派单流程；深化业务流程再造，制定指挥体系管理文件和业务工作标准，指导业务有序开展。市县同质化管控，落实供电服务责任。将县公司供电服务指挥中心纳入市公司指挥中心领导，建立主动靠前服务模式，将电网运行信息和客户诉求及时传递到班组，督促主动运维、快速处理故障，使

网格人员由传统被动运维模式向以信息化作支撑、准确量化考核为抓手的主动运维方式转变。

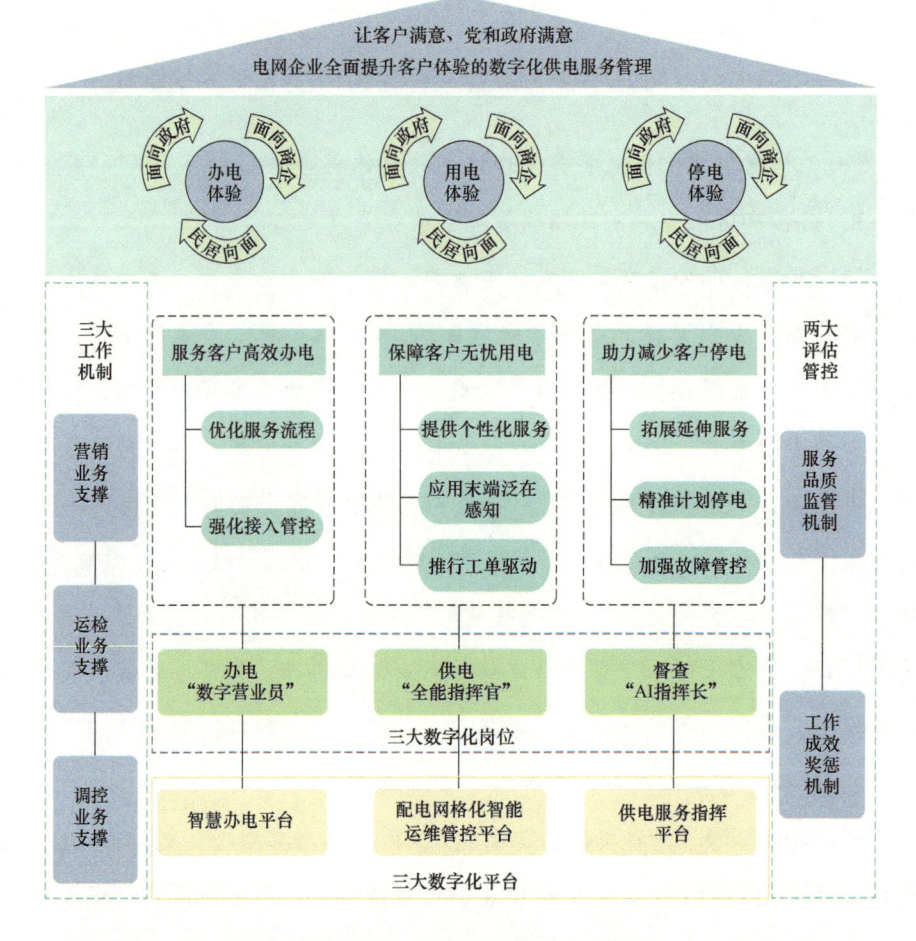

图 6-1　电网企业全面提升客户体验的数字化供电服务管理结构图

3．专业协同沟通联动，建立高效工作机制

深化营销支撑运作力，提升服务管控水平。推动营销业扩、电费、计量等专业规范和标准制定，指导县级指挥中心加强服务风险监测、服务质量监督和服务舆情响应。深化运检支撑运作力，提升生产管控水平。做好故障抢修过程分层分级预警跟踪管控，开展运检类用户诉求分析管控，提升本质服务能力，试点本部 25 分钟抢修服务圈和县域核心区域、集镇 45 分钟抢修服务圈。深化调控支撑运作力，提升调度管控水平。优化配网调度方式安排，推进配网在线化网架诊断，将申请单智能成票、指令票执行防误闭锁、作业流程全智能预警等技术合并打造检修作业全流程程序化执行，提升安全管控水平。

（二）构建数字化供电服务管理平台

1. 打造服务客户用电报装的智慧办电平台

建设贯通先导式办电、方案辅助编制、预估物资用料、配套项目流程管控、数字化验收等功能的智慧办电平台，提高业扩专业业务效率、管控力和执行力。根据已申请及潜在办电客户信息，智能生成延伸投资电网规划布局，实现一次投资服务多个客户，推动供电方案由满足单一客户的"独立型"方案向满足区域负荷需求的"系统型"方案转变。自动生成项目概算作为立项依据，形成业扩配套工程初设评审线上报备、立项、验收一体化机制，提速配套工程建设，服务客户"开门接电"，提高办电效率。

2. 打造服务客户可靠用电的配电网格化智能运维管控平台

推动数据工单化变革，围绕配网业务末端网格融合的需求，打造配电网格化智能运维管控平台。贯通各专业信息系统数据，搭建智能分析决策模型，构建自动派单人员的网格体系，建成覆盖配网规划、建设、运维、用电服务"全场景、全流程"的配电网格化智能运维管控平台，实现网格内工单自动生成、流转闭环、智能质效评估，助力配电专业多岗多级人员实时获取数据及工单信息，实现设备风险、缺陷隐患等信息及时精准发布，打造"数据驱动型"配网，改变依靠人员责任的"随机管理型"配网，提升配网智能化管理水平，提高供电可靠性。

3. 打造快速精准停复电的供电服务指挥平台效

打造具备可视化全景监控以及故障智能研判两大模块的供电服务智慧平台。配网主动抢修可视化全景监控模块，大规模、全方位、多手段采集真实、专业、实时的设备及现场数据，将运行数据信息进行多维统计分析、精准定位，完整展示配电网运行信息、设备状态信息、运行环境信息、基础地理信息和状态监测信息等，实现全景监测、报修预警、实时态势监控和工单分析等监测分析功能。故障智能研判体系涵盖配电网抢修智能指挥系统与配网自动化主站系统，可快速定位客户位置、掌握客户诉求、派出抢修队伍、推送主动服务信息、智能定位具体故障点，提升抢修指挥效率，实现快速复电。

（三）数字化服务客户高效办电

1. 引入办电"数字营业员"，流程省时便捷

引入数字营业员，实现业务受理智能分流。优化网上国网四种营销类业务系统流程，取消冗余环节，引入数字营业员"榕小智"，通过电力营销专业知识库智能调取，实现80%简单业务申请由数字营业员解决，20%复杂申请由系统智能匹配的专属用电管家人工响应，实现与客户的快速互动、业务的智能办理，优化了客户线上体验。开发智能需求感知功能，靠前挖掘潜在客户。在现有营销2.0系统及网上国网App程序基础上，增加客户能耗分析，对于可能出现的超容用电问题，主动向客户推送增容业务提醒，避免客户因过负荷用电造成线路过热、表计、开关损坏的风险隐患，做到服务跑在客户前。基于知识图谱与人机交互技术，提升数字员工智能化水平。优化语音识别能力，适配个性化业务流程，定制IVR语音导航，实现数字营业员对语音、复杂文字诉求的自动识别和智能交互，让每个客户都随时随地体验一对一的VIP专属服务。

2. 优化服务流程，满足不同客户办电需求

面向商企业客户，优化办电服务，降低客户办电成本。推广"一证启动，一码通办"办电服务，为每位办电客户赋码，一码贯穿客户服务全寿命周期，推动政企信息平台贯通，为客户办电提供"免申请""免提资"的先导式服务，在此基础上提供上门收资和企业代办服务，精简办电资料，实现2项复杂业务"最多跑一趟"，19项简单业务"一趟不用跑"，全面降低客户办电成本。面向居民客户，简化办电流程，快速精准服务客户。创新推出"一键下

单、现场办结"低压用电报装服务新模式,客户办电可通过多渠道进行在线申请、预约上门,国网福州供电公司工作人员开展现场勘察并负责外线工程实施和装表接电,实现低压居民客户"刷脸不见面一键申请、缺件线上传输一趟不跑、装表接电现场一次办结"。面向政府客户,发挥政企共建优势,助力优化营商环境。与政府建立分层对接、项目协调、内部协同的沟通机制,配合政府加快医院、学校、政府机关等公共服务行业双电源改造建设,开展接入工程费用分担,由电网企业与政府共同分担从用户受电点连接至电网供电接入点发生的入网建设费用,有效降低企业办电成本,助力优化营商环境。

3. 强化接入管控,助力新能源客户快速安全并网

提供个性化定制服务,降低客户入网成本。充分利用业扩智慧办电平台,在推广新能源接入典型设计的同时,为客户定制个性化接入方案,满足不同容量及电压等级的客户接入需求,降低客户入网成本。优化并网流程,持续压缩办电时长。开辟"绿色通道",推广线上办电,充分应用容缺受理和并行处理机制,将原先从受理到并网共 14 步流程整合为 9 步(见图 6-2),配套同步开展电网侧改造,助力新能源客户快速并网。强化并网验收,保障电网安全稳定运行。将电压等级在 400V 以上且容量超过 400kW 的企业光伏项目纳入调度管辖,由营销部牵头,跨部门多专业开展并网验收,为客户提供专业指导帮扶,提升客户设备精益化管理水平,共同保障电网和客户设备的安全。

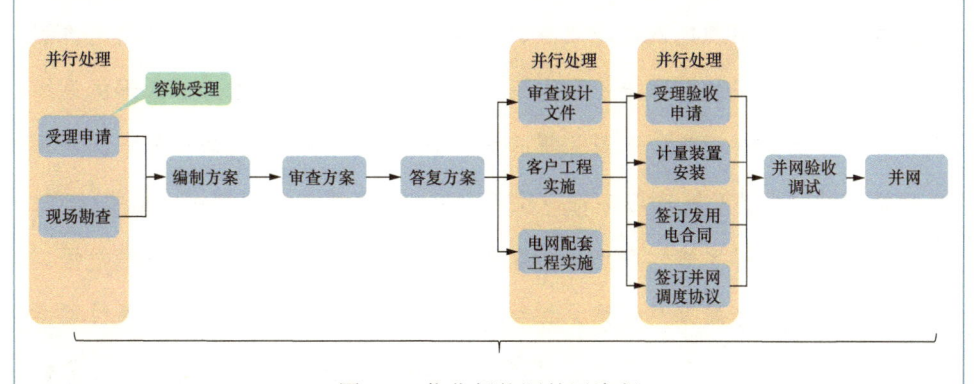

图 6-2 优化新能源并网流程

数字化保障客户无忧用电

1. 构建数智"全能指挥官",管控精准高效

建设供电服务指挥智能中枢,提升业务受理端线上管控规范性。依托语音识别、NLP、专家研判推理等人工智能叠加技术,实现语义判断、诉求类型监测、重复致电预警等功能,裂变 90 位"数字指挥员"同时在线,辅助开展报修工单生成、匹配、派发,节省了大量人力资源的同时还解决了客户报修等待时间长、生成工单准确率低的业务痛点问题,做到"不占线、闪受理、秒下单、快复电"。构建故障主动感知研判体系,客户信息快速解析。基于用能监测智能传感终端,依托供电服务指挥平台快速定位故障点、掌握客户诉求、派出抢修队伍以及推送主动服务信息,达到快速准确定位故障点、合理安排抢修资源的目的,提升抢修指挥的效率。推动营配调数据贯通,实现故障原因快速匹配。打造中低压电网一体化调控系统,实现中低压营配数据全量贯通校验、故障感知全自动研判到表箱、营配调信息全数据共享应用。自动解析供电路径、调取比对关联业务系统信息,快速研判用户报修停电原因,针对性定制抢修方案,达到停电故障的精准感知、快速研判、高效指挥、及时通知,精准安抚化解客户焦躁情绪,打通供电服务最后一百米。

2. 提供个性化服务,满足不同客户用电需求

面向商企业客户,发挥电费价格杠杆作用,将电网运行经济性成果惠及客户。建立需求侧响应机制,引导、激励企业用户优化用电方式,主动参与电力需求响应,实现电网削峰填谷,保障电力供需平衡;实施两部制电价制度,将与容量对应的基本电价和与用电量对应的电量电价结合起来形成最终电价,引导用户合理报装容量,提升电力系统经济性。面向居民客户,发挥平台数据协同能力,精准服务每一位用电客户(见图6-3)。利用大数据技术,依托供电服务指挥系统,精准分析客户的电压、负载、分时段电量等数据,为每个客户绘制专属客户图像,综合考虑季节、恶劣天气等情形,通过网上国网 app、微信公众号和短信等渠道,为客户推送专属用电信息,主动靠前

服务客户，成为客户用电贴心管家。面向政府客户，详细制定保电预案，保障党政机关用电需求。建立政企沟通机制，针对重大活动时期的重要用户，制定"一户一册"保电方案，24小时在线监控政府部门用电情况，组织各专业对重要保电用户进行走访帮扶，指导政府做好产权设备的维护。

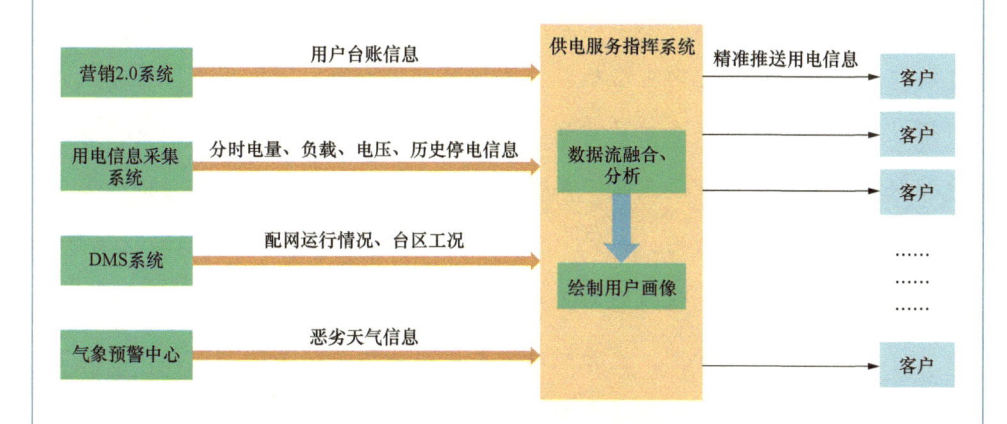

图 6-3　个性化推送用电信息管理平台

3．应用末端泛在感知，提升配网监测能力

着力推动自动化智能设备建设，提升信息支撑水平。灵活应用就地式、智能分布式等技术，推广 14 项融合终端高级应用，加强线路自动化终端标准化配置，制定融合终端与低压设备的交互规约，构建信息智能感知体系，实现 V2G、充电桩有序充电、低压互联箱和光伏等功能的智能化管控，实现新能源信息有序管理。全面推进环境监测技术应用，完善信息感知体系。制定环境监测与融合终端交互规约，实现设备全状态实时感知和环境自动调节。引入配电线路防外破系统，与市政部门数据对接，实现异常情况自动预警、保障线路安全稳定运行。打通专业数据流通壁垒，促进信息贯通融合。推进"营配调"数据贯通，实现多系统间数据的横向绑定，强化监测分析信息支撑，涵盖电网监测、分析、辅助决策等各项功能，采用大数据分析技术，融合"以需求为中心"的相关数据信息，实现供电服务全景掌控，支撑精准主动服务、高效指挥。

4. 推行工单驱动模式，变被动抢修为主动预防

推进配网主动运维，实现精益化运维。依托配电网格化智能运维管控平台，通过配网设备状态主动监测，结合配网运维历史数据及重大活动保供电需求，自动生成下派主动工单，针对性开展设备巡视和带电检测，将运维发现问题纳入缺陷流程进行线上处置，有效降低配网故障风险，提升故障停电主动预防能力。强化配网主动检修，实现精准化检修。深化营配调数据贯通应用，实现配网设备状态主动监测，完善设备状态评价标准，对于设备重过载、电压质量异常、低压三相不平衡等配网异常情况，根据状态评价结果自动生成检修工单开展检修，减少设备故障带来的停电影响。落实管控工单化，实现业务跟踪管控。加强对配网工单数据的挖掘分析，实现设备运行和缺陷等关键指标的全过程管控，提升配电设备风险评估和预警能力。细化各类工单完成质量的评价标准，多维度智能评价工作质效，完善信息化评价手段，以问题为导向促进配网运检工作提质增效。做好工单常态监控及溯源分析，定期梳理存在问题，制定改进措施，建立差异化考核评价机制。

（四）数字化助力减少客户停电

1. 试点督查"AI指挥长"，监控智能高效

创新业务智能托管模式，提升班组工作效率。基于岗位人员+AI助理协同思想，建立非结构化数据分流模型，打造人机协同的工作模式（见图6-4），AI指挥长通过综合用户、设备、员工画像及历史经验库，实现任务智能派发、资源智能指挥、时空智能预警、质量智能评价，实现"简单业务无人化，复杂业务少人化"，提升供电可靠性及客户服务感知。开发供电业务微信机器人+RPA智能预警功能，提升班组工作质量。通过深度嵌入业务系统的RPA程序，模拟人工操作实现RPA预警功能，及时通过系统语音、短信通知及微信机器人等多渠道提醒班组人员，实现风险预警管控，提升班组工作效率和供电服务质量，达到降本增效的成果。打造自驱动双工制智能绩效管控模式，激发班组内生动力。通过将工作业务工分量化，实现"工作任务价值化、工

图 6-4 数字化员工作业模式

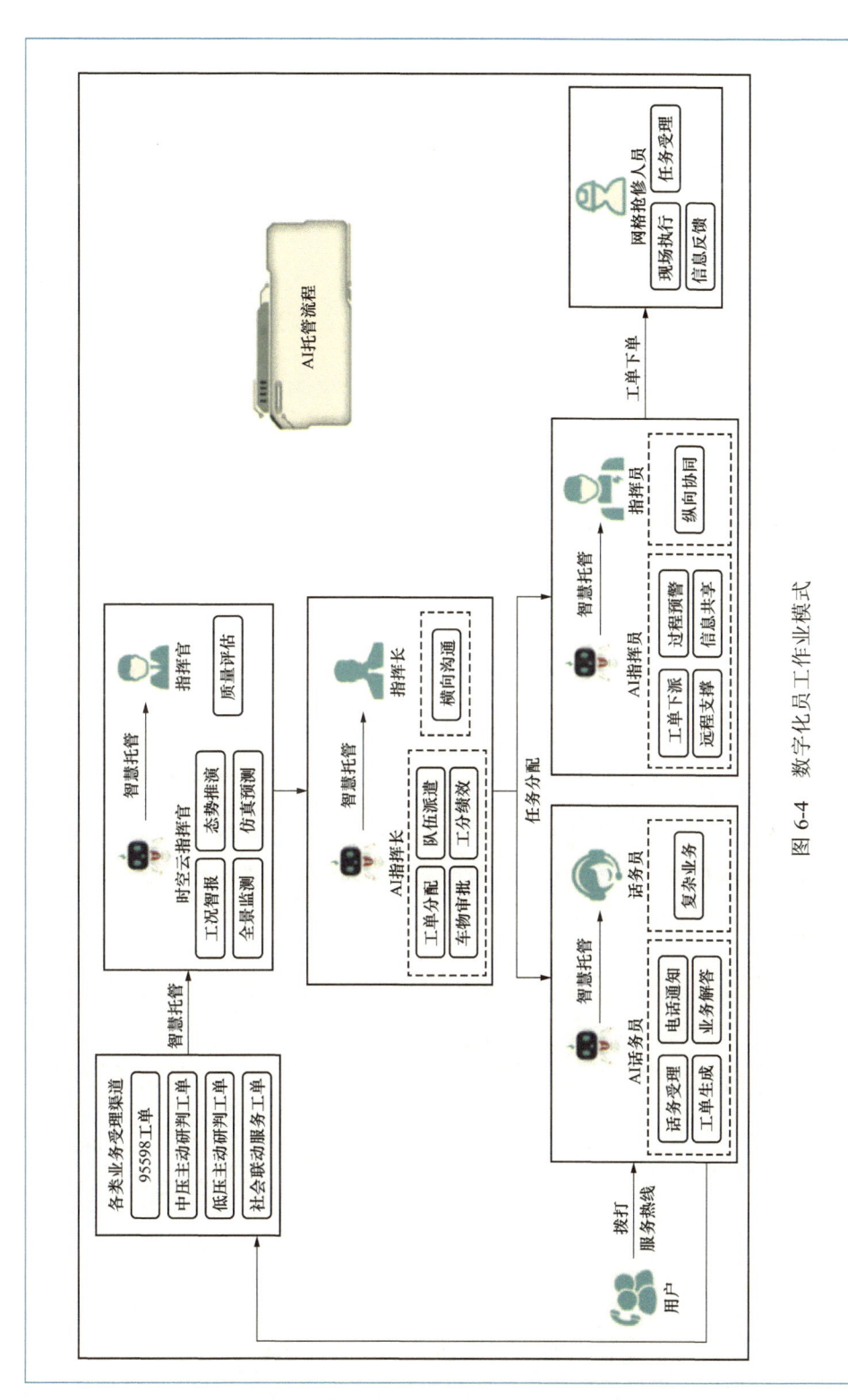

作价值绩效化"的管理模式，依托 AI 自驱动生命体智能绩效管控模块，智能完成"智能绩效考核自统计"和"个人实时绩效工分排名自驱动"，将业务执行单元转变为具备自我驱动、价值创造的团队，积极推动"生命体"班组"活力"提升，实现班组成员价值创造的自我驱动。

2．拓展延伸服务，满足不同客户复电需求

面向商企业客户，强化客户沟通，保障企业正常生产。与大用电量企业建立联络人机制，加强供需双方用电信息交流，提前推送计划停电信息，引导企业合理安排生产，降低影响程度；建立综合指挥长管控机制，故障停电涉及大中型企业以及水厂、交通枢纽、医院等关乎民生用户，由当班综合指挥长统一调派抢修资源，缩短停电时长。面向居民客户，规范频停整治，减少客户停电感知。开展频繁停电专项整治工作（见图6-5），依托营销系统2.0智慧大脑，根据频停次数分层分级开展管控，通过专业分析，整理共性问题并开展专项整治，逐步压降频繁停电用户数量，在客户产生不良停电感知之前消除停电隐患，提升供电稳定性。面向政府客户，加强政企互动，确保政府机构稳定运作。建立极端天气停电信息报送机制，及时将停电范围、影响客户数、集中停电区域等信息报送政府机构，作为政府决策依据；建立恶劣天气应急保障机制，当政府机构在极端天气下停电时，将其纳入第一优先保障对象，明确抢修队伍响应时间、对接人员、复电方案等工作要求，争取最短时间复电。

图 6-5 频繁停电风险用户分层分级管控

3. 精准计划停电，持续缩短用户停电时长

推行计划停电"预算式"管控模式。精准安排停电计划，根据年度检修计划合理制定全年和分阶段停电时户数预算；根据设备负面清单等要素差异化制定综合检修计划，按照"能转必转、能带不停、一停多用"原则严格审核检修计划；严格落实计划刚性执行，拦截重复计划停电，确保计划检修合规。动态跟踪停电执行过程。做好计划停电事前人员、物资、流程管控，开展特巡特护，确保工程顺利实施；依照计划停电过程管控实施步骤和操作方法，发现异常环节及时介入、开展支援并做好提级工作；合理安排操作计划，有效分配运维操作资源，避免操作挤兑。加快不停电作业能力提升。编制不停电作业方案审核单，落实逢停必审，确保能带不停；推进零计划停电区域建设，完善带电作业台账，实现电网"无感"检修；推进不停电作业能力提升，创新"四提升"（管理提升、队伍提升、技术提升、装备提升）工作法，建立全业务、全类型需求的快速组网技术体系。

4. 加强故障管控，提升电网故障复电效率

开展停电事前预控。编制配网故障抢修管理规范，建立配网故障抢修指标评价体系；实施"网格化"精准抢修，着力打造30分钟抢修服务圈，通过抢修队伍的科学部署，确保每个点位上的队伍服务半径均控制在30分钟车程可达的范围内；按照配网故障停电事件分级响应标准，建立配网分级预警机制，督促部门领导、专责到岗到位，协调人员及时开展支援。强化停电过程管控。开展精益化抢修指挥调派，实时跟踪抢修到岗进度，缩短抢修衔接时长，提升各环节协同效率。开展抢修资源统一调派管理，实现资源调配过程电子化流转、痕迹化管理，精简调配环节，大幅缩短抢修各环节衔接时长。推行"先复电后抢修"工作机制，在发生抢修难度大、修复时间长、影响重要用户等情况时，快速启动该机制以解决电网问题。深化停电事后分析。一是利用大数据分析和预测手段，增加"抢修预警"和"工单分析"两个反馈环节，提升预警研判准确性。二是针对故障抢修过程中遗留的缺陷隐患，

结合主动工单下派开e站跟踪督办，督促按时按期完成隐患消缺；三是定期开展故障时长分析，查询复电过程中的薄弱点，进行优化提升，进一步缩减停电时长。

（五）建立多元评估闭环机制

1. 以问题为导向，建立服务品质监管机制

全量开展业务回访，寻找潜在问题短板。针对业务办理、意见诉求、停电报修等客户服务全生命周期业务处理情况，根据重要程度和紧急程度不同，差异化采用AI语音电话、客服人工电话回访、现场走访等方式开展事后回访，聆听客户声音，在拉近与客户距离的同时，获得客户真实反馈，寻找潜在的问题和短板。优化系统监测预警，深入剖析服务弱项。依托营销2.0系统部署智慧大脑平台，打破数据烟囱对各专业口数据进行融合分析，对客户办电各环节用时、电能质量和用电稳定性、抢修复电时长等敏感关注点进行监测预警，绘制看板界面直观展示监测情况，颗粒度达到供电所网格层级，精准剖析服务弱环，实现精细管理。落实服务品质监管，实现成效闭环。供电服务指挥中心牵头，依据各系统监测预警分析结果，综合开展生产服务管控，形成日报、周报、月报、年报，结合公司会议进行通报，对弱项指标和整改进展进行分析，确保服务品质闭环提升；开展典型案例分析，针对重点管控诉求、客户评价不满意的诉求、重复诉求、诉求外溢开展实地核查与监管，组织各专业部门现场办理，确保诉求一次解决，持续提升客户服务水平。

2. 以指标为导向，完善工作成效奖惩机制

优化指标评价体系，实现业务动态监控。以客户感知为核心，重新梳理优化指标体系，将原有的按照营销运检调控等不同责任部门作为分类标准的各自独立的指标重新融合为覆盖客户用电全生命周期，可衡量评价经济、社会、环境综合效益的客户服务综合指标评价体系，全面实现业务过程动态实时监控，有序推进数字化建设成效落地。多角度进行指标评价，精准反映客户服务水平。采用"目标—趋势—对比"三因子评价方法进行指标评价，通

过"目标"因子衡量客户服务指数当前的绩效水平、"趋势"因子衡量客户服务指数在近三年的提升趋势、"对比"因子开展相关的外部比较，三因子通过加权计算最终获得客户服务综合评价指数水平，精准当前客户服务总体水平和提升方向。加大绩效考核力度，促进客户服务水平提升。修订相关考核实施细则，以客户视角重新开展供电服务质量事件和供电服务过错认定，加大指标评价与绩效工资的挂钩力度，对各单位按月度执行考核要求，同一类型重复发生的问题加重考核，规范全体员工服务行为，通过月度合约形式评价各单位客户服务总体水平，确保客户服务各项创新举措成效落到实处。

三、电网企业全面提升客户体验的数字化供电服务管理的效果

（一）实现数字化供电服务模式变革

业务受理更高效。充分发挥数字营业员业务智能分析、自动匹配、快速受理功能，办电业务实现100%线上受理，76%业务受理实现自动处理。实现2小时内客户信息100%线上审核，普通居民用户低压报装时间由5天缩短至2天，企业用户高压用电报装时间由88天缩短至33天。客户电话诉求等待时长下降至5秒，日均受理时长从17小时缩短到5.6小时，业务申请到受理时限缩短至5分钟内，达到国内先进水平。精简优化线下窗口41个，撤销关闭15个实体营业厅，精简33%人力成本并开展增量业务，每年节约人工成本213万元。客户诉求一次解决率达93%，百万客户投诉量下降10个百分点，客户诉求满意率达97.19%。

流程运转更顺畅。通过全景指挥控制沙盘，实现对抢修队伍、抢修物资、特种装备等资源的统一管理、集中调派，派单准确率提升至98%、人员到岗及时率提升至100%。实现停送电信息全共享。运用抢修工单App实现95598故障报修工单全流程在线运转，抢修队伍接单、回单均100%线上流转，提升工单处置效率，平均减少每张工单处置时间4.1分钟以上，班组故障平均复电时间从51.4分钟下降到38.7分钟，平均减少电量损失808.3万度/年，

合计增收 452.6 万元/年。

（二）助力新型电力系统省级示范区建设

引领供电系统转型升级。实现配电网智能巡检。依托配网网格化智能运维，智能巡检及时发现隐患缺陷 3.7 万余条，消缺及时率 98%，低压台区数量同比减少 92.3%，用户低电压数量下降 89.4%。全地区供电可靠率提升至 99.968%，10 千伏馈线故障比降 31.21%。实现故障智能定位。通强化停送电过程管控，用户平均停电时长同比下降 13.9%。

提高新能源消纳占比。优化新能源接入报装流程，为光伏接入用户提供个性化定制服务和专属客服专员，企业新增光伏接入时限最快缩短至 1 个月以内，持续提升新能源企业客户满意率，增供清洁能源 175.2 万千瓦时，有力助推国家"碳达峰碳中和"战略落地。

助力节能降耗减排。运用智能化用电管家指导客户高效用电，强化客户用电分析，衍生推广客户专属智能用电管家，向客户提供用电能耗评估及用电优化方案，帮助客户节约电量 130 万千瓦时，共同践行"低碳中国"理念。

（三）保障地区经济社会高质量发展

有力支撑客户用电需求。取消 9 项电网环节收费，提供 16 套典型设计方案，为企业用户提供更稳定的用电环境、更高效用电方案；通过实施"三零"服务策略为小微企业节约办电投资 1300 万元。严格落实业扩延伸投资政策，与属地政府协商分担业扩工程投资费用，截至 2023 年 9 月累计为福州地区工商业用户节约办电工程投资 137 万元，为地区营商环境持续优化，经济快速发展保驾护航。

主动靠前保障重要客户可靠用电。通过建立重要用户清单结合智能监控平台，24 小时在线监控政府部门用电情况，对政府机关开展用户侧设备检查，提出合理化改造建议 6 条次，为政府机关用电设备改造节约资金 23.7 万元。未发生县级以上政府机关停电事件，为政府开展抗险救灾指挥工作提供可靠用电保障。

智能保障重要活动持续稳定供电。通过电网数字化监测，智能化合理调配用电负荷，强化电力保障，为"数字中国""两马元宵灯会""世界地球日活动""国家网络安全博览会"等重大活动提供可靠供电，保证活动正常举办，助力提升福州地区知名度。

二、供电企业以数字赋能推动电碳协同的城市降碳管理

该成果获2023年第三十届全国企业管理现代化创新成果二等奖，由国网厦门供电公司完成。

总点评：

该管理创新成果积极响应了国家"双碳"目标，展现出高度的前瞻性和创新性。从项目选题到管理实践，再到总结提炼和应用成效，该成果均表现出色，具有较高的价值和广泛的推广性。

一是选题实践方面，该成果紧密围绕城市级降碳任务，将数字技术与城市能源管理紧密结合，既符合时代需求，又具有强烈的现实意义。活动开展过程中，通过强化顶层设计，构建"电碳地图+虚拟电厂"两大数智平台，实现了电碳数据的实时互动与高效利用。这一创新举措不仅提高了能源管理的智能化水平，也为城市降碳提供了有力支撑。

二是应用总结方面，该成果通过虚拟电厂聚合社会可调节负荷，有效减缓了电网输配电设备投资，提高了整体能效，促进了企业的减排增效和城市低碳经济的发展，具有显著的社会效益和环境效益。成果总结提炼条理清晰、逻辑严密，充分展示了实践探索中的亮点与成效。

为了力争获得更高等级奖项，建议进一步丰富数据支撑与案例分析，通过更多详实的数据和成功的案例来增强说服力和实用性。此外，还可以在成果推广策略上加强创新，结合不同城市的实际情况，制定更具针对性的推广方案，

以进一步扩大该成果的影响力和应用范围。

一、供电企业以数字赋能推动电碳协同的城市降碳管理的背景

（一）推动城市能源低碳转型的责任落实

"双碳"目标提出后，城市节能减排成为一项重要任务，但城市级降碳任务面临着巨大的挑战。厦门是全国首批低碳试点城市之一，同时也是福建电力唯一的新型电力系统市级示范区，这两项任务赋予了厦门"城市降碳排头兵"的使命。电力是城市能源供给的主力军，作为城市能源调度的重要枢纽，电网公司在城市能源转型中扮演着至关重要的角色。近年来社会各方都在积极探索，构建科学合理的数据模型，分析评估碳排，决策降碳途径。电力数据与碳排放量呈现显著的相关性，而数字电网完备的数据源和电网企业强大的能源数据聚合能力，均使得电网公司有实力、有责任，凭借其卓越的数字化基础，充分发挥数字技术的优势，构建城市降碳各方的互动平台，汇聚各方力量，引领城市能源向绿色低碳方向转型。

（二）优化城市能源市场配置的必然选择

在城市级降碳过程中，优化能源市场资源配置是重要的突破点，能源市场的发展和优化可以为城市提供多样化的能源选择。传统能源市场主要以化石燃料为主，新兴可再生能源正迅速发展，通过引入多种能源选择，可以减少对传统高碳能源的依赖。能源市场引导资源配置优化主要通过供需关系和价格信号来实现。通过市场竞争和价格机制，激励用户选择更加节能和环保的能源消费方式，能源资源将流向效率更高的领域，从而提高整体能源利用效率，同时市场的活跃又会吸引资金进一步流入，加速能源转型。要推动市场机制对能源配置起积极作用，技术创新和管理实践探索必不可少，电网公司作为能源消费重要渠道提供者，依托技术和管道优势，靠前服务，开展创新试点，搭建市场各方参与资源调配的互动桥梁，调动消费侧降碳积极性，是责无旁贷的选择。

（三）突破数智降碳技术难点的必要探索

城市降碳需要政府、电网公司和社会多方形成合力。政府需要科学决策依据，企业需要有效降碳方法，市场资金需要准确定位目标客户。因此，高效精准的信息获取、数据说话的科学诊断工具以及高效互动的能源调控平台等必不可少。电网公司通过智能电表和各类数据分析平台，能够实时监测和分析用户的能源消费情况，这些数据可以为市场提供准确的需求信息，帮助优化能源供应策略和定价机制。通过智能调度控制系统，数字技术还能帮助实现消费侧能源的精细化管理和优化调度，实现能源市场的最优配置。区块链等数字技术引入，还可以保障能源市场的透明度和公平竞争。上述方向的数智技术深化应用和创新探索，正是城市数字大脑智能降碳需要的关键支撑，因此也是电网公司当下技术和管理创新方向责无旁贷的重要任务。

二、供电企业以数字赋能推动电碳协同的城市降碳管理的主要做法

（一）强化顶层设计，确立区域降碳总体思路

国网厦门供电公司发挥排头兵作用、推动供电服务高质量发展、支撑厦门新型电力系统示范区及低碳城市建设，助力"碳达峰、碳中和"战略实施，突破数字化关键技术难点，建设"电碳地图、虚拟电厂"两个数智平台，实施"构建双平台、编织一张网、形成一个圈"三步走路径，建立"政策、商业、技术、组织"四个维度保障措施，实现以数字赋能推动电碳协同的厦门城市级降碳（见图6-6）。主要做法如下：

国网厦门供电公司秉承"共建平台、共治数据、共享成果"的建设思路，建设"电碳地图+虚拟电厂"两个数智平台。电碳地图平台构建电碳数据、碳排预测等分析模型，贯通"电力-能源-碳排"数据链条，实现对区域、行业、企业的碳排放总量的动态推算，成为城市级碳监测平台。虚拟电厂平台通过对接调控平台、电力交易平台及网上国网、客户能源控制系统等电力上下游平台，实现电力消费侧负荷分级分类管理、源网荷储区域新型能源调度

能力。

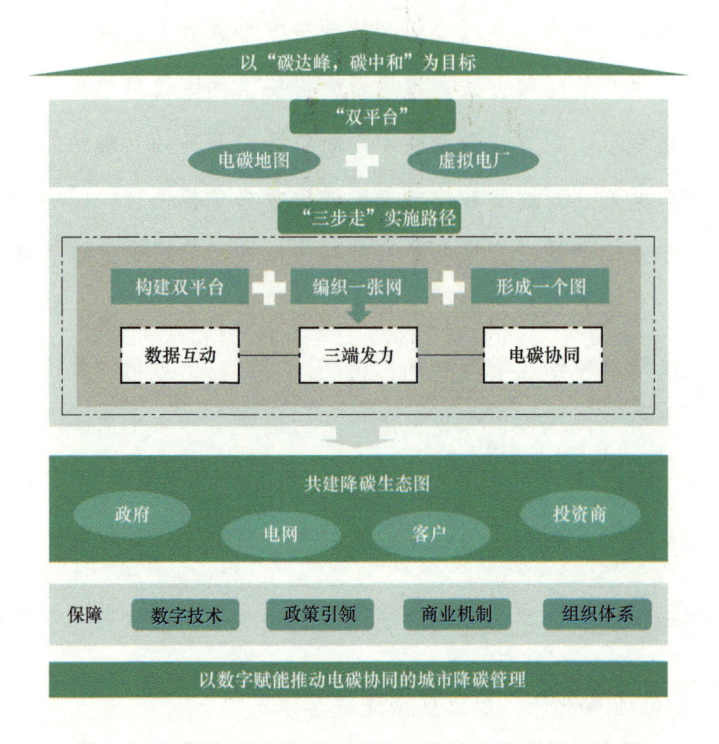

图 6-6 以数字赋能推动电碳协同的城市降碳管理体系

"构建双平台、编织一张网、形成一个圈""三步走"实施路径,即第一步,以"电碳地图+虚拟电厂"双平台为基础;第二步,建立双平台之间、平台与客户之间、平台与电源之间数据互动一张网,实现电数据与碳数据的实时换算,使得电力调度在满足电力平衡时达到碳最优,推动电能替代有效支撑降碳;第三步,推动政策保障,配套组织机制,引入技术机制,运用管理机制,形成城市级节能降碳生态圈,其中政府是维护者,电网是渠道商,客户是消费者,同时为投资商的加入创造了优良的条件。多方合力培育低碳产业链,共享低碳生态新成果。

(二)建设两大平台,搭建区域降碳技术构架

1. 聚焦电碳数据可观可测,打造国内首个电碳地图平台

国网厦门供电公司建立城市电力碳排放空间模型,调用国网福建电力数

据中台内能源、经济等外部数据，依托中台算力，结合电力明细数据，计算获得分地区、分行业月度、年度碳排放量，实现对城市电力碳排放空间的建模和可视化（见图 6-7），为厦门低碳发展提供数据支持和决策支持。

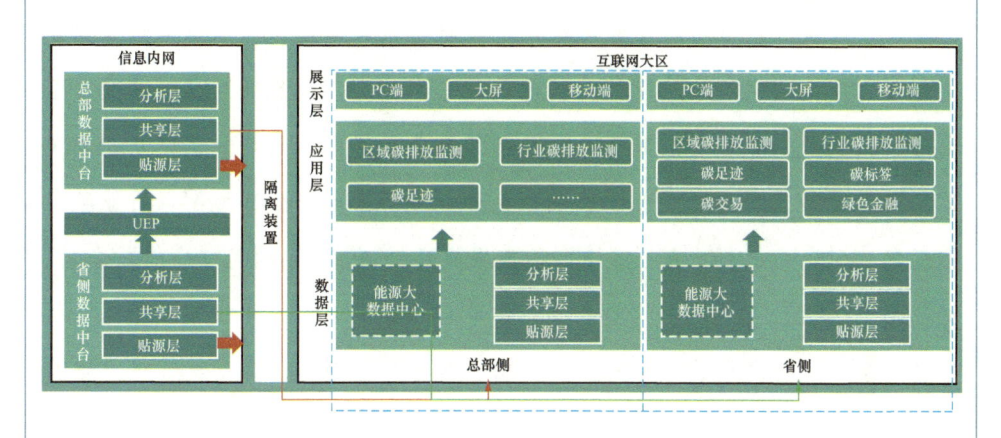

图 6-7 电碳地图平台架构

一是构建碳电强度基础模型。我国基于 IPCC 指南，将碳排放源分成能源活动、工业生产过程、农业活动等五大部分，其中能源活动和工业生产过程的碳排放量占排放总量的 99.8%，同时电力数据与能源活动、工业生产过程数据具有强相关性。"电-碳分析模型"的核心在于构建碳电强度（碳排放/消费电量）关系，通常认为一段时间内各品种能源在生产中的占比相对稳定，碳电强度的变化反映了行业、企业碳排的综合成效。结合电网拓扑，建立跨区跨行业的碳电强度耦合模型，可以追踪电网中的碳流动。碳电强度指的是行业或企业全能源口径消耗的二氧化碳排放量除以其用电量的比值。基于碳电强度的变化，可以实现区域、重点行业碳排放月度、年度测算，提升碳排放监测时效性。

二是细分领域全量采集分析。国网厦门供电公司建立数据目录管理，以电力数据中台架构为基础，在贴源层汇聚电网、政务、企业等内外部多元数据，通过中台 Dataworks 数据资产管理，创建区域、行业、用户等碳数据资产目录。采集细分行业碳电数据，以厦门市统计年鉴数据构建历史行业碳电强度，结合厦门（行业、企业）全口径月度用电数据，推算得出行业碳电强度和企业碳排放现状，组织推动直接采集全市规上企业、重点企业用能数据，引导其他中小微企业自主填报用能数据，积累构建行业企业级排放数据库。完善碳电趋势分析数据和模型基础，利用神经网络模型持续训练，细分行业用电量、企业规模、燃排系数、碳电强度关系模型，优化提高模型精度。基于分析层构建区域碳排放趋势、行业碳排放指数等能源数据分析体系。

三是开展宏观至微观的三级电碳监测。厦门市电碳生态地图以行业碳电强度和实时电力数据为基础，结合各类用能数据，根据不同能源碳排放系数，计算形成区域、行业、重点企业等多维碳排放量。以时间为横向维度，分析能耗总量、能耗强度、碳排总量、碳排强度等指标趋势变化情况，展示碳监测信息。结合排放排名、历史排放和趋势预测，快速定位高排放企业，辅助政府、园区和企业制定减碳政策，助推供电+能效服务。

2．创新能源调度模型模式，构建省内首个虚拟电厂平台

国网厦门供电公司建设福建省内首家虚拟电厂平台，通过获取业务中台、技术中台、数据中台中的各类数据，开展电网最优运行模式调节，精细化管理消费侧虚拟机组，实现可调节负荷分层分类分区聚合控制；创新运用区块链技术，保证业务流程的真实可信和公开透明。

一是运用智慧物联体系汇聚云用户。虚拟电厂平台应用国网统一边缘计算框架，完成客户侧"云云""云边""云端"三类可调资源的感知数据接入，实现虚拟电厂平台与物联管理平台的规范互联互通。其中，云云型接入的是充电桩等聚合商平台，如小桔电动汽车；云边型接入的是具备边缘计算单元的可调资源，如ABB智慧园区；云端型接入的是拥有智慧能源单元的用户，可以直接控制可调资源设备，已接入51个云端型用户，签约负荷达34.12万千瓦，如金龙汽车、万科等厦门知名企业。

二是确定双平台数据交互技术路径。电碳地图和虚拟电厂采用云边技术，通过数据中台API接口进行数据交互。云边技术是指将计算资源和数据

资源分布在不同的云端或计算节点之间,通过数据交换协议,实现数据共享和计算资源的协同分配;通过 API 接口,虚拟电厂和电碳地图可共享能源消耗和碳排放信息,其中,电碳地图向虚拟电厂提供能源消耗、碳排放等基础数据。虚拟电厂据此进行分析决策和优化调整,并将调整后的结果数据返回至电碳地图,形成双平台的动态补充和优化控制。

三是接收需求触发响应策略。结合调度负荷预测数据、电碳地图碳排信息以及用户的可调负荷预测数据,自动生成不同场景调控策略方案。平台根据响应执行情况,自动评价每个用户的调控达标率及信用等级,信用等级高的用户,将优先安排参与下一次需求响应。第一级策略日前/日内需求响应,在接收电碳地图平台和市级调度 DMS 系统指令后,发起日前需求响应需求,虚拟电厂平台根据需要选择不同调控策略算法,自动生成需求响应方案,并下发至用户。用户查看邀约方案进行反馈,虚拟电厂平台根据反馈信息编制执行方案,并同步至电碳地图平台和调度 DMS 系统。在响应开始执行时,虚拟电厂平台实时监测调控执行情况,并同步至调度 DMS 系统。指令执行完成后,根据用户响应情况进行效果评估,出清结算。第二级策略实时需求响应,当日前需求响应无法满足负荷需求,或遇到突发情况时,发起实时需求响应需求,需求响应方案同步至新型电力负荷管理系统(调度 DMS 系统),并调用可调资源执行。需求响应事件完成后,出清结算。

四是创新应用区块链技术。虚拟电厂平台(见图 6-8)将任务分发、需求响应邀约与反馈、履约执行、补贴发放等业务需求响应全流程关键数据转化为哈希信息上链存证,同时为用户提供可视化的数据展示页面和邀约信息接收、应邀反馈、响应结算数据查验等基础功能服务。在"星火.链网"部署国网链福建省从链的共识节点,在星火链网节点同步存证哈希数据,生成智能合约,从而保障交易全程可信、透明、不可篡改。

(三)数智聚力赋能,构建区域降碳众创空间

加强"电源、客户、双平台"数据互动,形成城市电碳数据网。

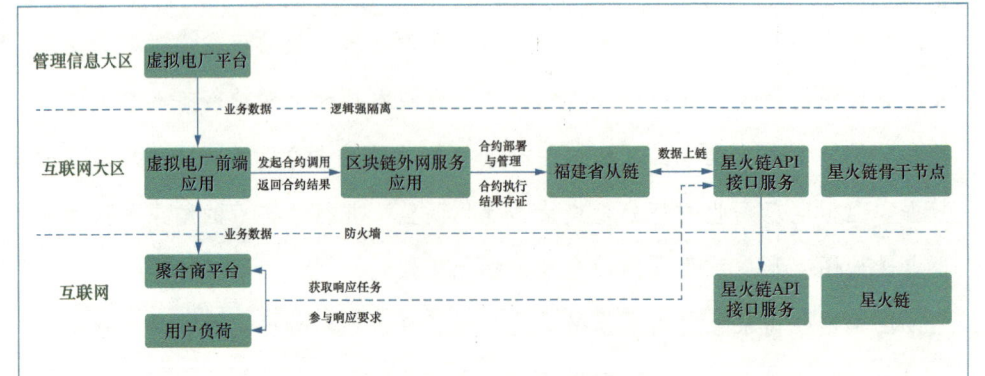

图 6-8 虚拟电厂平台架构

国网厦门供电公司依托"电碳地图+虚拟电厂"双平台，运用技术手段、管理手段，以"线上+线下"多种数据接收方式，实现海量电力数据与非电力数据的快速高效聚合。虚拟电厂平台，上承电网内部调控云平台、新型电力负荷管理平台、电力交易平台，获取实时电力数据及客户地理位置信息；下接客户侧能源控制系统，获得电力现货能量市场、辅助服务市场、容量市场等相关电力市场交易信息，实现电力数据汇聚。电碳地图平台，一方面与虚拟电厂平台进行技术对接，获取电力实时监测数据，另一方面聚合客户侧的非电力数据，包括煤、油、气、热等多种用能数据及 GDP 等经济数据。客户侧电力数据来源4个方面：线下数据对接，发挥政府平台优势，每月汇集各行业及重点控排企业的煤、油、气、热等能源消费数据及经济数据；对接公司能效系统，组织电力客户经理定期走访客户，补充企业能效数据；企业主动参与，扫描电碳地图平台中"碳查查"二维码，自主填报碳排放数据，完善电碳地图碳数据库；终端采集确认，聚焦重点碳排放企业，部署终端监测传感，提升数据精度。公司与政府联合开展用能数据直接采集试点，制定多表合一数据采集上送技术方案，以电力数据为基础，进行客户侧多种能源数据融合上送。复用电力数据通道为未来海量碳数据的追踪提供高效支撑，实现了各类数据汇聚，提升电、能、碳数据精度。

1. 推动"电源侧、电网侧、负荷侧"三端发力，共同提升降碳质效

运用电碳地图看碳排变化，消除企业、行业、区域碳排放异动点。电碳地图是基于行业碳电强度和实时电力数据的智能助手，能够全景、动态地反映区域、行业、企业和楼宇的碳排放水平和趋势，为政府和企业制定"双碳"目标、时间表和路线图提供科学依据。通过电碳地图动态推算能力，准确评估碳排放总量，构建碳评价体系。其中，核心指标是碳电强度。对企业而言，将企业的碳电强度与行业的碳电强度进行对比，若企业值低于行业值，说明其能效水平优于行业平均水平；反之，若企业值高于行业值，说明其能效水平劣于行业平均水平，进而排查出行业中的能效异常企业。通过电碳地图对异常企业的能效数据进行初步分析，汲取行业内优秀企业的差异化做法，辅以电力客户经理能效诊断分析，可以理清企业能耗偏高原因，科学提出工艺流程改造、电能替代、节能设备改造、分布式光伏建设等改善建议。对行业而言，一方面可以通过"历年碳电强度对比图"，清晰了解行业能效及碳排变化情况；一方面通过电碳地图自动生成的行业"碳电强度-碳排放-总产值对比图"，综合分析碳排放量、GDP、电碳强度等关键参数。政府可了解不同行业对城市能效的影响，同步调整城市行业布局，指导行业发展。例如计算机、通信和其他电子设备制造业的 GDP 贡献最大、碳排量最大，但碳电强度最小，说明其碳排放量大原因为产量大经济总量大，产业发达，同时其电气化水平最高，能效水平优于其他行业。对区域而言，电碳地图通过热力图，直观展示厦门碳排地理分布，各区、镇、园区直至企业的碳排放集中区域可清晰观测，有助于区域降碳改造。配套新型电力系统技术创新基金应用，可以加快电能替代、新能源建设等综合能源节能降碳项目快速落地。

国网厦门供电公司聚焦负荷侧的"柔性资源潜力大"特征，打造具有开放接入、灵活扩展、快速调控能力的虚拟电厂平台，带动电源侧、电网侧、消费侧三端发力，实现全域能效最优。该平台对接支撑调度系统实现了"省-地-配-台"分层协同调控新体系，提高电网调度就地平衡的效率。在台区内

部，应用边缘计算技术、智能调节台区内的光伏、储能和柔性负荷。例如，在高温天气的中午时段，智能终端通过控制储能满功率放电、限制充电桩功率直至关停，逐步调节空调负荷，实现台区能耗的最优化。当台区无法完成自洽时，智能终端将向虚拟电厂发出请求，虚拟电厂智能调节附近电网的柔性负荷进行互补，并主动对接地方调度系统，综合考虑天气等因素，预判互补后仍存在的用能缺口区域，提前开展负荷调节保障。通过虚拟电厂四级分层调控机制的应用，供电公司提升电网调度效率降低线损、节约配套电力设备投资，实现电网侧自身降碳；虚拟电厂优化调度策略，保障清洁能源全消纳，为电源侧分布式新能源的发展提供有效保障；借助区块链技术，打造消费侧响应等流程的互信交易体系，聚合消费侧智慧园区、楼宇、储能装置、充电桩等多元负荷参与电力交易，挖掘市场潜力，充分调动可调节负荷资源，带动消费侧降碳；通过电力需求响应补贴等价格机制促进社会各方积极参与，提升城市全域能效水平。通过电碳地图的动态监测和碳评价体系的建立，消除碳排放的异动点，帮助政府和企业制定科学的"双碳"目标和路线图。通过虚拟电厂平台的灵活调度，实现全域最优的能源配置和利用，推动清洁能源的消纳和降低碳排放。

2. 推动"电调度、碳调度"协同互促，实现能源配置碳最优

国网厦门供电公司创新提出"碳调度""电调度"协同互促理念，即新型的电力调度工作不仅是要解决电力的平衡、电量的平衡，还需要做碳平衡，在保障用电用能的情况下，使碳排放最小。在满足电平衡条件下，虚拟电厂平台向电碳地图平台提供多种电力调度策略。由于不同策略分解方式下，电源出力不同、客户主体地点不同、响应的负荷类型、响应的设备不同，造成对碳排放的影响不同，电碳地图平台对各种调度策略进行碳评估，并将结果反馈给虚拟电厂平台，通过优化电力资源配置的调控策略，以实现电力调度时的碳最优。

国网厦门供电公司运用电碳地图平台，分析电力行业与能源活动、工业

生产碳排放的相关性，依托"电碳分析模型"，以电算能、以能算碳，运用实时用电量采集，推算实时碳排放情况，预估未来碳排放量趋势。突出核心指标"碳电强度"的意义，通过指标标识出重点行业、企业，反映出电源端绿色电力的占比水平。达到电气化降碳，消费侧电能替代和清洁能源建设的有效协同。通过"电碳地图+虚拟电厂"双平台实现电力数据与非电力数据的聚合，建立电源、客户、双平台之间的数据互动网。通过虚拟电厂灵活调度，推动电源侧、电网侧、消费侧三端发力，实现全域能效最优。运用电碳地图消除碳电强度末端企业、行业、区域异动点，并为"双碳"目标制定提供科学依据。通过电碳协同互促，实现电网和消费侧碳排双最优。这些措施完成区域降碳路径的探索，为社会各方参与区域降碳，打造了众创空间，是值得循序的厦门城市降碳新技术路线。

（四）强化共建共享，形成区域降碳新生态圈

配套平台服务，电网聚力搭建电碳生态圈的互动渠道。

电网企业是电碳生态圈的渠道商，国网厦门供电公司一方面依托双平台预测电力负荷、优化电网运行、促进清洁能源交易和使用、提高能源利用效率，通过区块链技术保障交易可信，为电碳生态圈上下游快速、积极参与交易提供支撑，向用电客户推送电碳地图"碳查查"工具，提供碳查询免费端口，定期开展企业能效走访服务，补充和完善电碳地图企业端能效数据。另一方面是构建"平台+生态"商业运营模式，面向能效数据出现异动的企业，智能生成能效诊断报告，主动向客户提供"设备+管理+交易"的全流程综合能效服务。

依托平台支撑，推动政府全力维护电碳生态圈良性运行。

政府是电碳生态圈的维护者，政府通过电碳生态地图算碳、观碳的基础功能，实现厦门碳排放情况的监管及评价。其中，碳排热力图分区域、分行业呈现城市碳排放现状，每月自动生成碳报告。平台内嵌碳电强度为核心的指标分析体系，还能对比各行业碳排总量及单位GDP碳排放量，结合能耗水平，制定重点行业、重点地区梯次达峰方案，规划城市能源体系布点，支撑优化城市配套建设和产业结构，引导绿色行业战略发展。通过对具体企业、项目的实时碳数据跟踪，电碳地图为政府发放新型电力系统创新基金项目提供客观的数据，形成初审依据。在低碳项目建成后，电碳地图的碳积分模块将持续跟踪项目落地成效，对基金投放效用开展后评估。

应用平台功能，客户持续参与电碳生态圈降碳活动。

客户是电碳生态圈的消费者，国网厦门供电公司指导客户利用电碳生态地图的功能和数据，以主动或被动方式，获得企业资金、技术等支持。作为主动参与者，客户通过电碳生态地图提供的能耗数据，了解自己的能耗模式和高能耗设备，自发提升能效。作为被动参与者，客户碳排异动数据被电碳生态地图捕获后，平台将提供能效评估和分析，找出提升能效之策，如更换高效设备、优化能源管理系统、参与电力需求响应等，并通过虚拟电厂评价、电碳地图跟踪，实现项目降碳效果被认可。

发掘平台价值，推动投资商着力提升电碳生态圈投资效率。

国网厦门供电公司推动投资商应用电碳生态圈，参与城市降碳，为低碳产业链注入金融活力，加快城市降碳。首先，电碳生态地图快速生成能效提升客户清单，定位目标投资客户、发掘低碳技术投资项目。此外，电碳生态地图还提供市场数据和趋势分析，帮助投资商了解电力市场低碳减排的供需情况、价格波动、政策变化等因素，辅助投资商做出更准确的投资决策，提高投资回报率。电碳生态地图为交易提供低息融资渠道，快速撮合交易。企业依托平台自主申报新电创新基金项目，由电网公司初审，政府复审，按复审结果从银行获得低息贷款，银行也将获得融资回报。通过平台还能快速撮合绿电交易。平台对绿电交易需求开展流程跟踪，闭环管理，加速撮合交易双方进行合作。

（五）推进四维保障，服务区域降碳生态圈运作

1. 促成政府精准提供降碳政策支持

一是推动出台福建省内首个地市级需求响应（减排）政策。国网厦门供

电公司联合厦门市发改委出台《厦门市电力需求响应实施方案（2023-2025年）》，依托厦门虚拟电厂平台组织电力需求响应工作，提升需求响应补贴基准价格至 4 元/千瓦时，并增加实时响应的方式，补贴价格最高可达 12 元/千瓦时，补贴力度位居全国前列，大大提升客户参与需求响应、实现节能降碳的积极性；二是推动出台厦门市新型电力系统建设指导性文件。促成厦门市政府发布《关于印发新型电力系统建设方案的通知》，以顶层设计促进政府主导、电力主动、社会参与的具备节能降碳能力的厦门市新型电力系统建设生态逐步形成；三是推动设立厦门市新型电力系统技术创新基金。将厦门能源低碳转型相关项目及新型电力系统建设企业的研发投入纳入厦门市技术创新基金扶持范围，降低融资利息成本，延长贴息期限，构建产业发展基金池，引领厦门新型电力系统产业链协同发展，助推城市节能降碳。

2. 创新数据驱动的降碳商业机制

一是构建基于电碳地图平台数据服务的商业机制。电碳地图以可视化的形式，展示了区域范围内用电主体的电碳数据情况。数据服务从应用场景来分，分为征信、非征信用途两类。其中，征信用途以金融应用为主，通过直接数据输出、评价模型共建等方式，为征信公司、地方人行、信用评级机构、金融机构的信息披露、数据校验、企业信用完善等需求提供数据服务。非征信用途包括各类商业化数据服务，发挥电碳地图能够提供集中、批量化的第三方数据优势，支撑认证机构进行数据校验，为研究机构、数据库、智库等主体提供研究样本等。对于企业客户，可向其提供企业级、行业级、区域级碳实时数据查询、碳评估，定制差异化降碳解决方案等服务，拓展以电为中心的综合能源服务业务。二是构建基于虚拟电厂平台资源调节的商业机制。从服务场景不同来分，分为解决紧急负荷缺口和市场化常态交易服务两类。其中解决负荷缺口是以电力需求响应为切入点，根据电网调度指令启动需求响应，调动零散资源、云平台资源等，参与全市电网供需缺口、局部重载的调节，参与资源主要通过需求响应补贴获取收益。市场化常态交易服务是根据参与电力辅助服务市场、现货交易市场需要启动，其中参与电力辅助服务市场，是将虚拟电厂平台参照实体电厂技术参数，提升特性约束，聚合资源参与调峰为核心品种的区域辅助服务，各参与方通过对辅助服务的贡献度获得相应的电力辅助服务费用补偿。参与现货交易市场是指虚拟电厂平台为负荷聚合商、企业客户、储能资源等提供参与现货市场交易的集中申报、协同出清的路径，推动调节资源在大范围内优化配置。对于负荷聚合商，虚拟电厂平台传导电力市场价格信号，支撑聚合的源荷储资源开展自主交易。

3．攻关保障交易安全的关键数智技术

一是强化数字赋能。国网厦门供电公司通过打造调度侧强免疫安全接入区、基于区块链技术的分布式源荷快速需求响应应用的网络安全防护建设、基于边缘计算的低压台区源荷协同控制应用的安全防护建设，保障电碳"双流"融合架构体系网络安全。在负荷预测、负荷数据治理与校核、碳数据方面，通过数字化赋能大数据运算。基于区块链技术聚合交易管理应用，为用户聚合签约、响应、调控等业务提供互信交易体系，即通过数字化赋能市场化交易。二是构建"省-地-配-台"分层协同调控新体系。借助省级调控云平台，将电网感知"神经"从500千伏电网设备贯穿至0.4千伏的末梢电网，实现电网运行机制由"源随荷动"升级为分布式资源灵活高效协调参与的"源网荷储协同互动"，绘就协同降碳的"总路线图"。三是在全国率先将区块链技术引入"虚拟电厂"平台。在厦门虚拟电厂平台负荷调控、效果评估、补贴结算等流程，创新引入区块链技术，利用其不可修改、可溯源特点，确保业务公开透明，保障降碳交易的公平、公开、公正。

4．建强内外融合协同的组织机构保障

一是强化新型平台建设的组织保障。国网厦门供电公司成立新型电力系统市级示范区建设指挥部，采用实体化运作模式，涵盖主要专业部门。协同开展虚拟电厂平台、电碳生态地图平台等项目建设，建立健全一系列工作协调、评价管控等机制。二是健全新型电力系统创新研究的智库保障。国网厦门供电公司联合多方力量，按照"政府引领、多方协同"的模式，推动建立新型电力系统研究院（以下简称研究院），在厦门打造"政产学研用"相融合的创新平台。依托研究院，积极与一流研究机构、高等院校、能源电力行业上下游企业展开多方位的合作，充分发挥高端人才的科研引领作用，深入研究协同虚拟电厂等新型电力系统相关项目的关键技术攻关、标准研究以及成果应用。研究院每年提供500万科研基金，向国内外学者及机构提出新型电力系统前瞻性科研课题研究悬赏，通过揭榜挂帅，全面激发科研领域的活力。对有产业化前景的重大科研成果，采用合作开发、技术入股、技术转让、技术授权等灵活的合作形式，选择一些实力强、信誉好的企业建立区域性产业化合作关系，开展后续的工程化研究，共建成果转化基地，加快前沿成果的产业化进程，助力带动各方构建降碳生态圈。

三、供电企业以数字赋能推动电碳协同的城市降碳管理的效果

（一）柔性调控提高资源配置效率，助力电网经济提质增效

通过创新探索，国网厦门供电公司不断提高电能资源配置效率和灵活性，助力电网提质增效。一是增强电网对分布式能源的消纳能力。虚拟电厂可以集成多种分布式能源资源，如太阳能、风能、储能等，通过智能控制和优化算法，实现对这些资源的最大程度利用；降低电网的负荷峰值，减少弃光弃风，实现分布式新能源100%消纳，提高能源利用率，减少能源浪费。二是有效减缓电网输配电设备投资。通过虚拟电厂聚合社会可调节负荷35万千瓦，相当于投产3座110千伏变电站，可节省土地资源和管廊投资约13.8亿元；每利用100小时，可提供电量3500万千瓦时，节约标煤1.42万吨/年，减排二氧化碳近4万吨。

（二）产融协同服务企业减排增效，促进城市低碳经济发展

通过创新探索，国网厦门供电公司协同各方力量，形成以碳促融、以碳

促产的良好生态，推动低碳生态链良性可持续发展。一是通过业务融合用能数据形成碳监测体系，提高社会电气化水平。以"厦门太平货柜制造有限公司光储一体绿色减碳"示范为例，开展"供电+能效"服务，提供用能优化整体解决方案，开展分布式光伏清洁能源及储能建设，光伏总装机容量可达2.6兆瓦，年发电量约250万千瓦时、碳减排2000吨；二是以"电碳地图+综合能源"为主线，挖掘降碳潜力企业，提供分布式光伏等能效提升建议、整体解决方案及增值服务，累计已增加电网公司综合能源重点业务营收约1.3亿元，并指导客户通过节能方案的应用每年收益约1300万元；三是按照厦门市"电力系统企业申请技术创新基金"的惠企政策，工业企业涉电项目融资利息成本低至每年2%，贴息期限最长可达5年，目前已形成150亿元的基金池，不仅促进了资金的流动和优化配置，也为经济发展提供了融资支持和稳定性。

（三）平台互动支撑政府科学决策，推动社会绿色低碳转型

通过创新探索，国网厦门供电公司服务政府精准推进区域"双碳"进程，支撑优化调整产业结构。一是通过建设鼓浪屿全电岛、绿色低碳示范区，深化绿色校园、医院建设形成引领标杆，带动全社会更加关注和践行"双碳"行动；二是通过推广"供电+能效"服务为客户提供智能运维、楼宇节能、光储充等综合能源方案，进一步提升社会能效和降碳成效；三是通过打通"电-能-碳"关系，覆盖全行业全领域碳排放计算和观测，逐步建立电碳数据和金融挂钩，从信息披露、征信采信，到最终建立电能碳数据与信用评价的量化模型关系，推动电能碳数据与金融体系的深度融合，形成电能碳数据资产，并以"碳+金融"融碳功能实现碳核查、碳披露、碳征信、碳交易、碳排放等数据应用场景，为政府决策、企业经营提供深度服务；四是借助电流、碳流"双流"融合体系，围绕降碳减排场景和韧性电网需求，充分开展综合能源、节能提效、负荷聚合、新能源建设、碳资产开发交易、碳金融服务等多项举措，提高全社会电

气化水平，丰富推进"双碳"的具体实践方案。电碳生态地图的应用精准服务政府企业、深度推动电网电源、广泛带动社会大众共同节能降碳，助力城市节能减排。2022年厦门全市每万元GDP能耗下降4.1%，达到全国领先水平。

第七章　管理创新的未来展望

在管理创新全生命周期管理工作实践和经验的基础上，强调管理创新在企业未来发展中的重要性探讨管理创新在适应新发展格局、新质生产力、能源转型、数字化转型以及塑造企业管理品牌方面的挑战与机遇。以管理创新作为企业应对变化的关键驱动力，洞悉管理创新的可持续发展价值。

一、适应新发展格局的发展

在新发展格局下，全球经济的不确定性和复杂性日益加剧，企业正面临着前所未有的挑战。这些挑战不仅涉及长期规划和投资决策，还包括风险管理、资源配置及如何在国内外市场中找到增长机会的难题。管理创新在这种复杂环境下，成为企业应对变化的关键驱动力。管理创新能够帮助企业更好地抓住国内市场的巨大机遇，尤其是在国内大循环中发挥关键作用。随着国家经济结构调整、产业升级以及消费市场的迅速扩展，国内市场的需求不断增长，为企业提供了丰富的机遇。通过管理创新，企业能够精细化运营，优化供应链管理，提升资源利用效率，从而最大限度地满足国内市场的需求。同时，管理创新还可以推动企业在国内大循环中实现规模效应和范围效应的双重优势。在全球经济环境日益复杂的背景下，管理创新使得企业能够灵活应对全球市场的变化。企业通过创新，不仅可以在全球范围内引进先进的技术和管理经验，还能够与国际市场紧密合作，提升在全球产业链中的话语权和市场占有率。尤其是通过管理创新，企业能够更高效地整合全球资源，充分利用跨国合作所带来的技术优势和市场扩展机会。管理创新还为企业提供了应对全球多样化监管环境的工具和方法。不同国家和地区的法律法规差异较大，合规要求也各不相同，企业在拓展国际市场时面临着复杂的合规挑战。通过管理创新，企业可以建立起灵活的合规管理体系，确保在不同市场中的合规经营，并保持可持续发展。这种灵活性和适应能力，使得企业能够在全球市场中长期立足，并推动企业的国际化进程。管理创新不仅促进了企业在国内外市场中的有机结合，还为国家经济的转型升级提供了强大动力。在全球经济格局变迁的大背景下，国家正在大力推动经济转型和高质量发展。企业通过管理创新，不仅能够优化自身的管理体系，还可以积极参与到国家经济转型的战略中，为产业升级贡献力量。通过提高技术水平、提升生产效率和开拓国际市场，企业在实现自身发展的同时，也为国家经济的创新驱动发展战略提供了支持。

二、适应发展新质生产力的需要

随着全球产业结构的深刻变革和技术进步的加速，未来企业的发展将更多依赖于新质生产力的打造。这种新质生产力不仅仅体现在技术创新上，还包括企业在组织管理、生产流程、人才结构和商业模式等多方面的全面变革与提升。管理创新在这一过程中扮演着至关重要的角色，它帮助企业打破传统的管理模式，推动企业走向更高效、更灵活的发展路径，适应日益复杂且变化迅速的市场环境。新质生产力要求企业在技术创新的基础上，全面提升技术能力和生产效率。这不仅仅是引入新的设备或自动化流程，更是通过管理创新将这些技术与企业的生产运营有机结合，实现资源的最优配置和运营流程的系统优化。企业通过管理创新，可以设计出更加智能、高效的生产模式，将技术潜力最大化，从而推动生产效率的显著提升。这种提升不仅限于单一生产环节，而是覆盖整个生产流程的系统化变革。新质生产力的打造还要求企业在组织管理和人才结构方面进行创新和重构。随着市场需求和技术的快速演变，传统的组织结构往往显得僵化和滞后，无法快速响应市场变化。管理创新的核心任务之一就是通过组织管理的灵活调整，提升企业的适应性和反应能力。通过引入扁平化组织结构、跨部门协作机制等创新管理手段，企业可以缩短决策链条，提升内部沟通和协调效率，使各个部门和团队能够迅速响应市场需求的变化。同时，企业需要通过管理创新来优化人才配置，培养跨领域、跨学科的综合型人才，提升员工的创新意识和综合能力，以适应快速变化的业务环境。管理创新可以通过建立灵活的绩效管理体系、创新激励机制以及多元化的培训体系，为企业培养和保留能够推动新质生产力的高素质人才。商业模式的变革也是新质生产力的重要组成部分。在传统的商业模式中，企业往往依赖于单一的产品或服务，而随着市场需求的多样化和竞争的加剧，企业必须通过管理创新不断调整和更新其商业模式，以适应新的市场格局。许多企业正在从单一产品销售向"产品+服务"的模式转变，甚至通过平台化运作，将业务扩展到供应链上下游，建立更加多元化的商业生态系统。这种模式的转变需要企业在管理创新的引导下，重新审视和调整其市场策略、客户关系和价值创造方式，确保企业能够在新兴市场中保持竞争力并创造更大价值。在推动新质生产力发展的过程中，企业还必须具备强大的学习能力。随着技术和市场环境的不断变化，企业必须持续学习并迅速吸收新技术、新理念和新方法。管理创新不仅是一种策略，更是一种文化，企业需要通过建立学习型组织，确保每个员工和管理者都能够持续学习、不断创新。通过内部学习平台、创新实验室、跨行业合作等形式，企业能够及时获取和应用最新的技术成果与管理理念，保持在行业中的领先地位。

三、适应能源转型的趋势

能源转型正在全球范围内快速推进，推动企业走向绿色低碳发展已成为未来管理的核心方向。企业不仅面临着技术革新的挑战，还需要在管理层面进行深刻的结构调整，全面融入绿色理念和可持续发展目标。这不仅是应对全球气候变化的迫切需要，也是未来企业提升市场竞争力战略选择。能源转型要求企业进行深度结构调整，这不仅包括设备的更新换代，更重要的是对管理体系的全面革新。在传统的能源生产和消耗模式中，企业主要关注如何提高能源利用率和生产效率，而在绿色低碳发展的大背景下，企业必须将环境保护与能源利用有机结合，通过管理创新，逐步实现全生命周期的绿色管理。这种转型不仅要求企业采用更加高效、节能的设备，还需要通过创新的管理手段，推动从能源的生产、传输到消耗的各个环节全面升级。电网企业在能源转型中扮演着至关重要的角色，它们必须通过管理创新，提升新能源的消纳、传输和利用效率，确保可再生能源能够有效并网，推动绿色电力的普及和稳定供应。管理创新在能源转型中的作用还体现在推动绿色建造和绿色供应链模式的实施上。企业需要通过管理创新打造绿色供应链，确保从原材料采购到产品制造、再到交付整个过程都符合绿色环保标准。例如，电网企业可以通过管理创新优化供应链的管理流程，确保供应商提供的设备和服务符合环保标准，同时推动绿色建造技术的应用，在电网建设过程中尽可能减少资源消耗和环境污染。企业还必须主动承担起环境、社会和治理（ESG）责任。ESG已经成为衡量企业可持续发展能力的重要标准，也是企业在市场中获得长期竞争优势的关键因素之一。管理创新可以帮助企业将ESG目标融入日常运营和管理体系中，建立完善的环境管理机制，确保企业在能源利用和生产过程中最大限度地减少对环境的负面影响。通过管理创新，企业能够系统性地整合ESG目标，确保在追求经济利益的同时，兼顾环境和社会责任。这种综合性的管理模式不仅有助于企业提升可持续发展的能力，还能够增强社会对企业的认可和信任，推动可持续发展战略的实施，增强长期竞争力，为企业的长期发展奠定坚实基础。

四、适应企业数字化转型的浪潮

随着数字化和人工智能技术的不断革新，数字化转型已成为企业应对未来竞争的关键路径，也是提升企业核心竞争力的动力源泉。数字化技术的广泛应用正在从根本上改变企业的经营管理模式，管理创新与数字技术的深度融合，成为企业可持续发展的必要条件。企业不再仅仅依赖传统的管理手段，而是通过数字化工具来提升业务效率、优化管理流程，并为未来的市场变化做好充分准备。在这个背景下，电网企业作为基础设施的关键支撑，数字化转型的紧迫性尤为突出，几乎涉及企业管理的每一个环节。智能化和数据驱动的决策正在彻底改变企业的运营方式。在电网企业生产管理和设备管理需要处理大量的实时数据，通过管理创新，电网企业能够利用大数据和人工智能等技术对设备运行进行实时监控和预测，优化资源配置，确保电网安全高效运行。例如，能够根据电力需求的变化，灵活调整发电和电力传输，提高电力供应的可靠性和效率。这种数据驱动的决策模式不仅提升了企业的反应速度，还大大降低了运营成本。数字化技术在企业各领域中的应用成为提升企业竞争力的重要途径。随着电网规模的扩大，设备管理的复杂性不断提升，数字化手段推动设备的全生命周期管理，实时掌握设备状态，优化维护计划，减少故障发生率，延长设备使用寿命，这不仅降低了维护成本，还提升了电网的整体运营效率。同时，数字化技术还可以帮助电网企业在电网建设过程中实现资源的智能化配置，合理分配人力、物力、财力，确保工程按计划高效完成。在客户服务管理方面，通过对客户用电数据的分析，电网企业可以为不同用户群体量身定制服务方案，提升客户满意度。客户通过数字化平台可以实时查询用电信息、缴纳电费、申请报修，极大提升了用户体验，不仅提高了企业的服务质量，还增强了客户的粘性和忠诚度。数字化转型的真正价值在于推动了企业从传统的以人为中心的管理模式向智能化、自动化、数据驱动的管理模式转变。这不仅仅是技术手段的变革，更是管理理念和商业模式的深度重塑。电网企业通过数字化转型，能够建立起更加敏捷的运营管理体系，实现资源的智能化配置和流程的自动化管理，全面提升运营效率和管理效能。数字化转型不仅仅是技术的应用，还要求企业在文化、人才和管理体系上进行全面变革。企业须通过管理创新来推动组织结构和流程的调整，确保各级人员能够适应并驾驭数字化工具。企业需要培养具备数据分析能力和创新思维的人才，推动员工从传统的任务型角色向数据驱动的决策者角色转变，适应数字化时代的工作方式，企业才能在数字化转型的浪潮中保持竞争力，实现可持续发展。

五、塑造企业管理品牌

管理创新是企业塑造管理品牌的核心推动力，通过持续优化管理体系、提升运营效能和创新能力，企业不仅在内部形成了科学、高效的管理模式，还在外部建立了独具特色的管理品牌。随着管理创新的深入推进，企业在不断调整和完善管理体系的过程中逐步形成了自身独特的管理风格。这个过程中，企业的管理体系从松散、无序的管理模式，逐步演变为高度协调、效率优先的现代化管理体系。这种转型不仅仅是技术和工具的引入，更体现为企业对自身文化和价值观的凝练，进而汇聚成了企业管理的独特标签。正是通过这种持续不断的管理创新实践，企业逐步确立了在管理领域的独特性和领先地位。这一独特性最终成为企业在行业中脱颖而出的标志，帮助企业形成了"管理品牌"。管理品牌的塑造不仅仅是企业内部管理优化的结果，更是企业在行业中赢得声誉和认同的关键途径。一个成功的管理品牌，不仅意味着企业在内部运营、业务流程、人才管理等方面具备优势，更表明企业在行业内外获得了广泛的认可和尊重。管理品牌彰显了企业在生产经营、业务管理、创新实践等方面的成熟度和领先性，显示出企业具备应对复杂环境和挑战的强大能力。通过管理创新，企业的管理品牌逐渐与其高效、稳健、创新的形象紧密相连，为企业在市场中树立起了良好的信誉和口碑。这种长期积累的管理品牌，不仅能够提升企业的整体价值，还能进一步增强外界对企业管理能力的认同感。外界的认同不仅体现在合作伙伴、供应商和客户对企业的信任上，还体现在市场对企业持续创造价值的信心上，也能在人才市场中更具吸引力，吸引优秀的管理人才和技术专家。这种良性循环进一步推动了企业价值的提升，使企业在行业中的领先地位更加稳固。管理品牌的形成还为企业在行业中建立领先地位提供了重要助力。通过管理创新，企业不仅能在业务领域建立起自己的差异化竞争优势，还能将这些优势延伸到企业的品牌塑造上。一个成功的管理品牌，可以帮助企业在市场竞争中脱颖而出，获得更高的市场认知度和行业影响力。企业的管理品牌可能意味着其在效率、质量、创新等方面的卓越表现，成为客户和合作伙伴选择的首要标准。这种品牌效应，源自企业通过管理创新不断提升的内部管理水平和外部影响力，进一步巩固了企业在行业中的标杆地位。管理品牌的背后是企业持之以恒的创新精神和管理智慧，这不仅让企业在短期内受益，更为其在长期发展中提供了坚实的竞争基础。

后 记

创新是时代的主旋律，也是推动企业前行的最强音。在日益复杂的内外部环境中，企业通过持续的管理创新，不仅能够解决当前面临的实际问题，更能够通过前瞻性的战略规划和创新实践，塑造未来的竞争优势与发展路径。

本书即将付梓之际，回顾整个编写过程，充满了挑战与收获。从最初的构思到最终的完成，期间的每一次探讨、每一个阶段的推进，都让对企业管理创新的认识和理解愈加深刻。编写过程中，愈发感受到管理创新对企业的重要性与复杂性。它不仅是一种具体的管理手段或工具，更是一种思维方式和文化氛围，渗透到企业战略、运营、组织与文化的方方面面。管理创新要求企业领导者具备敏锐的洞察力与前瞻性的眼光，敢于打破常规、拥抱变革；同时也需要员工保持开放的心态、主动学习，不断适应变化与挑战。企业在管理创新的过程中，不仅要在理论上不断精进，还需要在实践中不断摸索、总结，从而形成适合自身发展需求的独特管理模式与创新路径。

在本书中，始终将管理理论与企业实践相结合，既注重理论的系统性与深度，又关注实践的应用性与可操作性。梳理了管理创新的理论基础与历史发展脉络，分析了企业在管理创新中取得的成效和挑战。同时，结合电网企业的实际案例，探讨了管理创新如何在这个行业中得到有效应用，如何推动组织结构优化、提升管理效能、实现可持续发展。对于电网企业乃至其他行业而言，管理创新始终是一个不断迭代、不断突破的过程，随着科技进步与市场环境的变迁，新的理念和方法层出不穷，企业必须不断学习、调整，适应新的发展要求。

因此，本书的完成并不意味着企业管理创新探索的终点，而是新的起点。

管理创新永无止境，在未来，必将继续关注最新的管理动态与发展趋势，深入研究理论与实践，为电网企业及其他行业提供更多的创新解决方案。期待能够与更多的专家学者、行业领袖及企业实践者共同交流，携手推动企业管理创新的持续发展，助力企业在激烈的市场竞争中实现长远发展。